Ovid

Von der Kunst zu lieben

Ovid

Von der Kunst zu lieben

Herausgegeben von
Matthias Hackemann

ANACONDA

Text auf der Grundlage der Ausgabe *Publius Ovidius Naso's Werke*, metrisch übersetzt von Wilhelm Hertzberg, Stuttgart: Metzler 1854–55, vollständig überarbeitet und ergänzt von Matthias Hackemann.

Die Deutsche Nationalbibliothek verzeichnet diese Publikation in der Deutschen Nationalbibliografie; detaillierte bibliografische Daten sind im Internet unter http://dnb.d-nb.de abrufbar.

Umschlaggestaltung: Sabine Reimer, London
Layout: Druckfrei. Dagmar Herrmann, Köln
Satz: InterMedia, Ratingen
Printed in Czech Republic 2010
ISBN 978-3-86647-468-0
www.anacondaverlag.de
info@anaconda-verlag.de

Inhalt

DIE KUNST DER LIEBE

Sollte unter uns einer die Kunst der Liebe nicht kennen,
Lese er dieses Gedicht – meisterhaft liebt er danach.

DIE MACHT DER KUNST

Kunst hat den eilenden Kiel mit Ruder und Segel beflügelt,
Kunst das behende Gespann: Kunst ist der Liebe Pilot.
Freilich der Gott ist wild, wird oft sich gegen mich sträuben:
Aber sein Alter ist noch lenksam: er ist ja ein Kind.
Amor ergibt sich mir auch, wiewohl in der Brust mit dem Bogen
Er mich verwundet, wiewohl sprühende Fackeln er schwingt.
Aber je grimmiger mich Cupido traf und versengte,
Desto geschickter bin ich, Rächer der Wunden zu sein.

DREI STUFEN DER KUNST

Wähle als erstes dir aus, auf wen deine Liebe du richtest,
Trittst du als neuer Soldat unter Cupidos Befehl.
Dann ist das zweite Geschäft: die Auserwählte erobern!
Aber das dritte, dass lang daure der zärtliche Bund.
Dies ist der Spielraum, dies ist die Bahn, die dem Wagen gesteckt ist,
Dieses das Ziel, das ich nah streife mit schleunigem Rad.

WARNUNG

Was uns ergötzt, ist gering; viel mehr, was verletzt in der Liebe.
Drum sei immer der Geist viel zu ertragen gefasst.
Soviel Bienen Hybla ernährt und Hasen der Athos,
Soviel Pallas' Baum bläuliche Beeren erzeugt,
Soviel Muscheln der Strand: soviel hat Qualen die Liebe;
Jedes Geschoss, das die Brust trifft, ist in Galle getaucht.

ERSTE KONTAKTE KNÜPFEN

NUR MUT!

Fasse zuerst im Geist das Vertrauen, du könnest sie alle
    Fangen; dann fängst du sie auch, wenn du die Fallen nur stellst.
Eher ja schweigen die Vögel im Frühling, im Sommer die Grillen,
    Und vor dem Hasen flieht eher des Maenalus Hund,
Ehe ein Weib sich sträubt, wenn der Jüngling schmeichelnd ihr nachstellt.
    Sie auch, von welcher du nicht dachtest, sie wolle – sie will.
Und wie dem Mann der geheime Genuss, so gefällt er dem Mädchen:
    Schlecht nur verstellt sich der Mann; jene verbirgt, was sie wünscht.
Kämen wir Männer nur überein, nie als Erste zu bitten,
    Sicher, wir siegten: die Frau bäte von selber zuerst.
Doch ob sie nein, ob ja sie dir sagen: es freut sie die Bitte.
    Täuschtest du wirklich dich auch: ohne Gefahr ist der Korb.
Doch, wie kannst du dich täuschen, da ein neuer Genuss so erwünscht ist
    Und da Fremdes den Sinn mehr als das Eigene reizt?
Sind fruchtbarer doch stets auf fremdem Gefilde die Saaten,
    Trägt doch des Nachbarn Vieh voller die Euter daher.

EIGENE VORZÜGE ERKENNEN UND EINSETZEN

Grad sprach Apollo zu mir: »Du Sänger des lockeren Amor,
An mein heiliges Haus führe die Schüler heran,
Dort, wo die Inschrift steht, die, berühmt rings über den Erdkreis,
Jeglichem Menschen selbst sich zu erkennen befiehlt.
Wer sich selber erkennt, nur der wird lieben mit Weisheit
Und nach der eigenen Kraft regeln ein jegliches Werk.
Wer ein schönes Gesicht von Natur hat, lass es auch sehen,
Wer die Haut dafür hat, zeig oft die Schulter beim Mahl.
Wer durch Sprechen gefällt, der vermeide ein längeres Schweigen,
Singe, wer singt mit Geschick, trinke, wer trinkt mit Geschick!«
Dies war Phoebus' Gebot; tut nun, was Phoebus gebietet:
Lautere Wahrheit enttönt seinem erhabenen Mund.

DIE SUCHE NACH DER RICHTIGEN

Weil dir noch freisteht, mit lockerem Zügel zu schwärmen,
Wähle die aus, der du sagst: Du nur gefällst mir allein!
Doch nicht fällt sie von selbst dir herab aus dem luftigen Himmel:
Suchen mit eigenem Blick musst du ein passendes Kind.
Jäger wissen genau, wo dem Hirsch man spannet die Netze,
Wissen genau, wo im Tal Knirschen das Wildschwein verrät.
Du auch, wenn du den Stoff für dauernde Liebe dir suchest,
Lerne zuvor, wo du Mädchen in Menge stets triffst.

HOT SPOTS IN ROM

Rom hält für dich so viele und reizende Mädchen bereit,
Dass du denkst »Hier ist sämtliche Auswahl der Welt«.
Wandle gelassen nur hin in Pompeius' schattiger Halle,
Wenn des herkulischen Leun Zeichen die Sonne betritt,
Oder wo jüngst zu des Sohnes Geschenk ihr Geschenk noch die Mutter
Fügte: der kostbare Bau pranget mit fremdem Gestein.
Meide den Porticus nicht, den, geschmückt mit alten Gemälden,
Zu der Erbauerin Ruhm Livische Halle man nennt.
Passend ist selbst das Forum – wer sollte es glauben? – für Amor;
Ja, im Gedränge des Markts wurde schon mancher entflammt.
Dort wo am Marmortempel der Venus Appias Brunnen
Weit durch die Lüfte die Flut spritzt mit des Druckes Gewalt,
An dem Orte wird oft von Amor gefangen der Anwalt,
Und der anderen riet, weiß für sich selber nicht Rat.
An dem Orte verlässt die Beredsamkeit öfter den Redner;
Neu ist der Fall: für sich selbst muss er nun stehn im Prozess.

Doch du zieh auf die Jagd vor allem im Rund des Theaters,
Reicher an Beut ist der Ort, als du dir selber erhofft.
Dort wirst eine zum Lieben, eine zum Flirten du finden,
die du einmal berührst, die du behalten dann willst.
So wie ein wimmelnder Zug Ameisen hinauf und hinab läuft,
Wenn sie die Körner im Mund tragen zusammen zum Mahl,
Oder die Biene im heimischen Wald und auf duftenden Wiesen
Rings um Blumen und hochragenden Thymian schwärmt:
Also strömen zur Feier des Spiels die geputztesten Frauen,
Dass mein Urteil oft sich durch die Menge verwirrt.
Sie, die zum Sehn herkommen, sie kommen, gesehen zu werden:
Ja, ein verderblicher Ort ist's für die züchtige Scham.

Nicht entgehe dir auch das Kampfspiel edelster Rosse;
Manchen Vorteil hat's, füllt sich der Circus mit Volk.
Nicht mit den Fingern geheimes Gespräch zu führen ist nötig,
Nicht erst musst man des Winks stumme Bedeutung erspähn.
Setze dich hier, es verhindert kein Mensch, dicht neben die Herrin.
Seit an Seite geschmiegt, rück ihr so nahe du kannst.
Falls man nicht will – die geringe Breite der Sitze erzwingt es!
Gut, dass des Ortes Gesetz enge Vertrautheit bewirkt.
Hier nun suche mit ihr ein trautes Gespräch zu beginnen:
Was man öffentlich spricht, biete zuerst dir den Stoff.
Forsche mit Eifer zunächst, wes Rosse das sind, die da kommen,
Und, wer immer es sei, klatsche, wenn sie ihn beklatscht.
Wenn nun der Festzug naht mit der Jünglinge munterm Geschwader,
Venus, der Herrscherin, dann klatsche voll Eifer du zu.
Und wenn dann, wie es öfter geschieht, auf den Busen des Mädchens
Staub fällt, schüttle besorgt du mit den Fingern ihn ab.
Ist kein Staub auch da, dann schüttel, als ob er es wäre;
Jeglichen Vorwand nimm, dass du behilflich dich zeigst.
Sitzt ihr Gewand zu tief und sinkt es herab auf den Boden,
Falt es zusammen und nimm eifrig es auf aus dem Schmutz.
Gleich als Preis für den Dienst – nicht wird es das Mädchen verhindern –
Wird dein Auge das Glück haben, die Schenkel zu sehn.

»Willst du inzwischen jedoch, dass freundlich kühlende Lüfte
Dich umwehn? Schon ist, siehe, mein Fächer zur Hand!
Auf dein weißes Gewand fliegt Staub dir, während ich spreche.
Willst du, garstiger Staub, fort von dem schneeigen Leib!«

Siehe ferner dich um, dass er, der hinter euch sitzet,
Mit zudringlichem Knie nicht in den Rücken ihr drückt.
Kleines gewinnt ein leichtes Gemüt. Es nützte schon manchem,
Dass er mit freundlicher Hand legte das Polster zurecht,
Dass mit zierlichem Fächer er Kühlung wehte dem Mädchen,
Dass er die Fußbank schob unter den niedlichen Fuß.
Solche Gelegenheit schenkt beginnender Liebe der Circus
Oder des gaffenden Runds grausenverkündender Sand.
Auf dem Sande hat oft Aphrodites Knabe gefochten,
Und, der die Wunden geschaut, fühlte die Wund in der Brust.
Da er noch spricht und die Hand ihr berührt, um den Zettel sie bittet
Und zur Wette das Pfand setzt, wer den Gegner besiegt:
Seufzt er verwundet und fühlt den geflügelten Pfeil in dem Herzen,
Und in dem Schauspiel wird selbst er ein handelnder Teil.

Wenn sie mit müßigem Fuß im geräumigen Porticus schlendert,
Musst auch dort du mit ihr lässig verbringen die Zeit,
Bald ihr schreiten voran, bald hinter dem Rücken ihr folgen,
Und auch bald langsam gehn, bald mit beschleunigtem Schritt.
Mal geh einige Säulen entfernt, dann wiederum schließe,
Seit an Seite geschmiegt, dreist der Geliebten dich an.

Lass auch ohne dich nicht sie geschmückt im Rund des Theaters
Sitzen; dein Schauspiel bringt selbst auf den Schultern sie mit.
Nach ihr schaue zurück; nur sie darfst dort du bewundern,
Rede mit Augen und Braun, rede mit Winken zu ihr.
Beifall klatsche du stets, wenn der Mime ein tanzendes Mädchen
Darstellt. Klatsche auch dem, welcher den Liebenden spielt.
Steh, wenn sie aufsteht, auf, und sitze, solange sie selbst sitzt;
Nach der Gebieterin Wink musst du vergeuden die Zeit.

TIPP FÜR FRAUEN: ÖFFENTLICHE ORTE NUTZEN

Ihr aber dürft und sollt in Pompeius' Halle doch wandeln,
Wenn auf der Jungfrau Haupt glühet das Himmelsgespann.
Geht zum Palatium auch, zum Tempel des lorbeerumkränzten
Phoebus, der Canopus' Kiel jüngst in die Fluten versenkt!
Geht zu den Bauwerken dann, die Schwester und Gattin des Fürsten
Und, den des Seesiegs Preis kränzet, sein Eidam, erbaut,
Zu der memphitischen Kuh weihrauchumdampften Altären,
Geht ins Theater und wählt Plätze, wo jeder euch sieht!
Sehet dem Kampfspiel zu, wo der Sand sich vom rauchenden Blut färbt,
Seht, wie das glühende Rad hastig sich schwenkt um das Ziel!
Was sich verbirgt, kennt niemand, und was man nicht kennt, das entzückt nicht.
Kann dir ein schönes Gesicht nützen, wenn keiner es sieht?
Wenn du vorzüglicher auch als Thamyras sängst und Amoebeus,
Brächte dein Spiel, das man nie hörte, dir wenige Gunst.

Nützlich für euch ist der Straßen Gewühl, ihr reizenden Mädchen,
Setzt in die Welt hinaus über die Schwelle den Fuß!
Wirft auf die Herde der Wolf sich nicht, ein Schaf zu erhaschen?
Stürzt sich der Vogel des Zeus nicht auf die Vögel im Schwarm?
Mag ein schönes Gesicht denn auch sich zeigen der Menge:
Aus so vielen erblickt einen sie wohl, den sie fängt.
Wo sie auch sei, sie strebe mit Eifer danach, zu gefallen,
Sei sie mit ganzem Gemüt, Reiz zu entfalten, bedacht.
Zufall waltet auch hier. Lass immer die Angel nur schweben!
Oft ist ein Fisch in der Flut, wo man am wenigsten denkt.
Oft durchirret der Hund vergebens die waldigen Höhen,
Und wenn niemand ihn jagt, rennt in die Netze der Hirsch.

GELEGENHEITEN BEIM GASTMAHL

Zutritt bieten dir auch Gastmähler mit winkenden Tischen:
Außer dem Wein ist dort andres zu suchen für dich.
Hier ward oft der Jünglinge Herz von den Mädchen erbeutet;
Venus, zum Weine gesellt, wurde zur Glut in der Glut.

Drum, wenn vor dir stehen die fröhlichen Gaben des Bacchus
Und ein Weib mit dir teilet den gastlichen Pfühl,
Zum nyktelischen Vater alsdann und den nächtlichen Weihen
Flehe, dass heute dir nicht steige der Wein in den Kopf.
Manches Geheimnis magst du ihr hier vertraun mit verblümter
Rede, wobei sie merkt, dass auf sie selber du zielst.
Schreibe ein schmeichelndes Wort auch auf mit wenigem Weine,
Dass auf dem Tische sie liest, wie du als Herrin sie ehrst;
Schau in die Augen ihr dann mit Blicken, die glühen:
Oft ist im schweigenden Blick Wort und Gespräch zu erspähn.
Rasch und zuerst ergreif den Pokal, den sie mit den Lippen
Eben berührte, und trink da, wo sie selber genippt.
Und von der Speise, davon sie selbst mit den Fingern genommen,
Nimm auch du, und zwar so, dass du die Hand ihr berührst.

Strebe auch eifrig danach, dem Gemahl zu gefallen der Schönen;
Nützlicher ist es für euch, wenn du zum Freund ihn gewinnst.
Wenn nach dem Lose ihr trinkt, so gewähre ihm immer das erste,
Gib ihm selber den Kranz, den für dein Haupt man bestimmt.
Lass, ob er gleich, ob er unter dir steht, ihm immer den Vorrang,
Lass ihm immer zuerst ohne Bedenken das Wort.

Sicher und gangbar ist's, durch der Freundschaft Namen zu täuschen,
Sicher und gangbar zwar – aber ein Schelm, wer es tut!

Aber ein sicheres Maß will ich beim Trinken dir setzen:
Weder Fuß noch Verstand dürfen versagen den Dienst.
Hüte vor allem dich auch, vom Weine erhitzt, dich zu zanken,
Sei zu wildem Gefecht nimmer die Hand dir bereit.
Fiel Eurytion doch, da dem Weine töricht er nachhing.
Tisch und Wein passen ja besser zu heiterem Scherz.
Hast du Stimme, so sing; sind die Arme geschmeidig, so tanze;
Hast du Gaben noch sonst, um zu gefallen, so tu's.
Wirkliche Trunkenheit zwar ist schädlich, doch nützt die verstellte:
Schlau mit stockendem Ton stammle die Zunge das Wort.
Dass, wenn du tust und sagst – wenn es etwa kecker als recht ist –,
Immer des Weins Unmaß scheine der wirkliche Grund.
»Auf der Gebieterin Wohl und dessen, der mit ihr das Bett teilt!«
Rufe, doch innerlich sprich: »Hole der Geier den Mann!«

Doch, ist der Tisch entfernt und gehn nach Hause die Gäste,
Wirst du Gelegenheit schon finden, im Schwarm ihr zu nahn.
Misch dich unter die andern und komm ihr nah beim Gehen,
Zupf mit dem Finger ihr Kleid, stoß mit dem Fuß an den Fuß.
Dann ist Zeit zum Gespräch, dann, bäurische Schüchternheit, fliehe
Weit! Fortuna steht, Venus dem Wagenden bei.
Deine Beredsamkeit will ich dir nicht durch Regeln umschreiben;
Machst du den Anfang erst, wirst du von selber beredt.

»Wenn auf dem Polster er liegt, so geh mit bescheidenem Antlitz
Zu ihm und lege dich auch; rühre mir heimlich den Fuß.
Acht auf mich, auf jeglichen Blick, die gesprächigen Mienen,
Auf den verstohlenen Wink lausch und erwidere ihn.
Worte, doch lautlos, sagt das beredsame Zucken der Brauen,
Worte der Finger; du lies Worte geschrieben mit Wein.
Was für dich er gemischt, heiß klüglich selber ihn trinken,
Leise zum Diener gewandt, forder dir, was du begehrst.
Dann nehm ich mir zuerst den Becher, den du ihm zurückgabst,
Und an der Stelle, wo du trankest, da trink ich dir nach.
Wenn von der Speise vielleicht, die er zuvor hat gekostet,
Er dir bietet, so schieb, was er berührte, zurück.
Lass ihn die Arm auch nicht auf den Rücken dir legen, dich drücken;
Lehne dein liebliches Haupt nie an die knöcherne Brust.
Dulde die Finger auch nicht um des Busens schwellende Knospen,
Aber vor allem, dass nie willig zum Küssen du seist!
Bitte zu trinken den Mann; doch küss ihn nicht, wenn du ihn bittest.
Heimlich gieß, wenn er trinkt, kannst du es, Wein noch dazu.
Wenn hinlänglich besiegt von Schlaf und Wein er dahinsinkt,
Wird uns Zeit und Ort bringen den wichtigsten Rat.
Stehst du dann auf, um nach Hause zu gehn, aufstehen wir alle.
Denke daran, dass du dann mitten im Schwarme dich hältst.
Denn hier wirst du mich finden; falls nicht, so find ich dich selber;
Was du berühren daselbst kannst, das berühre von mir.«

Aber verlass dich nicht zu sehr auf die trügrische Lampe.
Wenn man Schönheit prüft, schadet die Nacht und der Wein.
Paris schaute die Göttinnen auch bei Tag und im Freien,
Als er zu Venus sprach: »Venus hat beide besiegt!«
Flecken verstecken sich nachts, und jeglichen Fehler verzeiht man;
Jegliches Weib beinah hält man für schön um die Zeit.
Frage nach Edelgestein, nach purpurfarbener Wolle,
Frage nach Wuchs und Gesicht, willst du nicht irren, den Tag.

TIPP FÜR DIE FRAUEN: GUTES AUFTRETEN BEIM GASTMAHL

Spät tritt ein, doch sittsam, und erst, wenn die Lampen entzündet
Sind. Die Verzögerung tut Wunder in Venus' Geschäft.
Bist du auch hässlich, du scheinst doch dem, der getrunken hat, reizend.
Jeglicher Fehler versteckt leicht sich mit Hilfe der Nacht.
Fasse die Speisen geschickt, auch die Art, wie man isst, hat Bedeutung.
Schmiere dir nicht das Gesicht ein mit der fettigen Hand!
Iss nicht zu Hause vorher, doch schickt es sich auch nicht zu essen,
Solang der Magen nur fasst – etwas zuvor höre auf!
Passender ist's, und steht auch besser den Mädchen, zu trinken.
Nicht verträgst du dich schlecht, Bacchus, mit Cyprias Sohn.
Doch auch das nur, soweit nicht Kopf und Füße dir schwanken.
Hüte dich wohl, dass du nicht doppelt das Einfache siehst!
Garstig ein Weib, das, vom Nass des Lyaeus triefend, sich hinstreckt;
Jeder Umarmung Schimpf wäre zu dulden sie wert.

IM URLAUB

Wozu soll ich dir Orte, an denen du Frauen zu Hauf triffst,
Noch aufzählen? Es sind mehr als der Sand an dem Meer.
Nenn ich dir Baiae noch und die segelumwallten Gestade
Und die Gewässer, die heiß dampfen von schwefliger Glut?
Mancher, der schon von dort mit verwundetem Herzen zurückkam,
Sprach: »Das Wasser tat nicht so gut, wie man es verspricht!«

SEXAPPEAL & UNNAHBARKEIT

DIE VORZÜGE DER JUGEND NUTZEN

Scherzt, solang es noch geht, solange der Frühling des Lebens
Blühet. Das Leben enteilt, eilt wie die Welle des Bachs.
Eilte die Welle dahin, so rufst du nimmer sie wieder:
Eilte die Stunde dahin, kehrt sie dir nimmer zurück.
Auf und benutzet die Zeit! Die Zeit flieht stürmischen Schrittes,
Und die da folgt, ist nie gut, wie die frühere war.
Hier dies fahle Gesträuch, ich sah es als blühende Veilchen,
Hier von dem struppigen Dorn pflückt ich mir Rosen zum Kranz.
Kommt doch die Zeit, wo du, die jetzt du den Liebenden ausschließt,
Frostig als Greisin bei Nacht liegst im verödeten Bett.
Dann wird nächtlicher Zank dir nimmer die Türe zerbrechen,
Nicht mehr findest du sie morgens mit Rosen bestreut.
Weh mir Armem, wie bald wird schlaff von Runzeln der Körper,
Weh, wie die Farbe so bald schwindet vom schmucken Gesicht!
Schwöre »Ich hatte als junges Mädchen bereits graue Haare«
Wenn plötzlich dein ganzes Haar voll weißer Flecken sich zeigt!

Unsere Reize, sie fliehn, da hilft nichts; pflücke die Blume!
Pflückst du sie nicht, so fällt hässlich von selber sie ab.

EINE GUTE FIGUR MACHEN

Auf dies alles – denn alles das nützt – legt Eifer und Sorgfalt,
Lernt auch, wie ihr beim Gehn weibliche Haltung bewahrt.
Ja, es liegt auch im Gang ein Reiz, der nicht zu verachten,
Männer, die nie euch gesehn, lockt er und stößt er zurück.
Diese bewegt mit Geschick die Hüften, die wallenden Kleider
Flattern im Wind; mit Stolz hebt sie gemessen den Fuß.
Jene flaniert so wie eines umbrischen Wirts Ehegattin,
spreizt mit breitem Schritt derb ihre Beine beim Gehn.
Doch, wie in vielem, ist hier auch ein Maß. Ist bäurisch der eine
Gang, ist der andere wohl weichlicher, als es sich ziemt.

Aber den unteren Teil der Schulter, den obern des Armes,
Trag entblößt, dass von links her man sogleich es gewahrt.
Das steht euch reizend, zumal euch Weißen! Sooft ich es sehe,
Möcht ich die Schulter sogleich küssen, soweit sie sich zeigt.

Nur mit gefälligem Blick lockt man die Liebe herbei.
Glaubt dem Erfahrnen! Verhasst ist dem Mann unmäßiger Hochmut;
Oft hat ein schweigender Blick Samen des Hasses gestreut.
Blickt man dich an, so blicke nicht weg; dem Lachenden lächle
Freundlich entgegen, und winkt einer, erwidre den Wink!

Sind dir die Zähne gestockt, sind schlecht sie im Munde gewachsen
Oder zu groß, dann bringt Lachen vor allem Gefahr.
Sollte man's glauben, es lernt nach Vorschrift zu lachen das Mädchen,
In dem Punkt auch sucht eigene Grazie sie:
Öffne sie mäßig den Mund und habe sie Grübchen an beiden
Seiten und bleibe der Zahn halb von der Lippe bedeckt.
Lass sie beständig auch nicht mit Gelächter erschüttern das Zwerchfell,
Leise nur sei es und sei etwas von Weiblichkeit drin.

Manche verzerrt das Gesicht zu widerlichem Gegrinse,
andere lachen so sehr, dass man schon schluchzen sie hört.
Dann ist endlich ein Ton, unleidlich, ein heiseres Krähen,
Wie von der Mühle her grässlich der Esel iaht.

Was doch die Kunst nicht lehrt! Mit Anstand lernen sie weinen,
Weinen zu jeglicher Zeit, wann es und wie es beliebt.
Wird der gesetzliche Laut doch sogar beim Sprechen verstümmelt,
Dass sich die Zung auf Befehl künstlich zu lispeln bequemt.
Auch der Fehler gefällt, manch Wort nicht richtig zu sprechen:
Ja, man redet mit Kunst schlechter, als man es versteht.

MUSISCHE BILDUNG – EIN MUSS

Wunder des Meers wart ihr, Sirenen, die einst ihr mit heller
Stimme das flüchtigste Schiff hieltet im Laufe zurück.
Als euch Sisyphus' Sohn vernahm, da riss er beinah sich
Los vom Mast; doch Wachs schloss den Gefährten das Ohr.
Schmeichelnd und süß ist Gesang: drum übt euch, Mädchen, im Singen.
Manche schon brachte die Stimm statt des Gesichts an den Mann.
Singt bald, was ihr gehört im Marmorrund des Theaters,
Bald ein lustiges Lied, wie an dem Nil es erklingt.

Auch mit der Rechten den Stab, mit der Linken die Zither zu führen
Muss ein gebildetes Weib, wie ich es wünsche, verstehn.
Fels und Getier hat die Leier bewegt des thrakischen Orpheus,
Dich, dreiköpfiger Hund, Sümpfe des Tartarus, euch.
Und auf deinen Gesang, du gerechtester Rächer der Mutter,
Haben die Steine von selbst Mauern zu baun sich beeilt.

Selbst auch der stumme Fisch war dennoch der menschlichen Stimme
Hold: von Arions Spiel ist ja die Sage bekannt.
Über melodische Saiten des Nablions lerne mit beiden
Händen zu rauschen: sie sind passend für heiteren Scherz.

Sei des Kallimachos Lied dir bekannt und der koïsche Dichter,
Und was der teïsche Greis lustig ersonnen beim Wein.
Sei dir auch Sappho bekannt; wer wäre verliebter als diese?
Lerne, wie Geta, der Schelm, listig den Vater betrügt.
Dann auch magst du das Lied des zarten Propertius lesen,
Auch von Gallus ein Stück oder, Tibullus, von dir
Oder, was Varro besang – das Gedicht vom Vlies mit der goldnen
Wolle, das Unheil dir, Schwester des Phrixus, gebracht,
Dann des Aeneas Flucht, den Beginn der erhabenen Roma:
Das ist das herrlichste Werk, dessen sich Latium rühmt.
Mag mit diesen vielleicht dann auch mein Name sich mischen,
Dass nicht Lethes Strom völlig entrafft, was ich schrieb.

Zweifelt ihr, dass ich die Kunst zu tanzen vom Mädchen verlange,
Dass beim Gelag sie auf Wunsch zierlich bewege den Fuß?
Liebt man die Künstlerin doch, die gewandt sich dreht auf der Bühne,
So viel Anmut liegt in der Bewegung beim Tanz.

SPIELE – CHANCE UND GEFAHR

Tausenderlei von Spielen versucht! Es ist schlimm, wenn ein Mädchen
Nicht zu spielen versteht; spielend erobert sie oft.
Aber das wenigste ist, sich klug zu bedienen der Würfel;
Schwieriger ist's, sich beim Spiel gut zu betragen verstehn.
Nicht auf der Hut sind wir; wir öffnen im Eifer die Herzen,
Spiel deckt öfters die Brust bis in ihr Innerstes auf.
Dann naht Zorn mit verzerrtem Gesicht, dann naht die Gewinnsucht,
Streit und Schmähung und Zank und der Erbitterung Schmerz.
Kränkender Vorwurf hallt und Geschrei weithin durch die Lüfte;
Jeder beschwört und ruft Götter zur Hilfe im Zorn.
Keiner traut dem andern! Was wünscht man sich nicht mit Gelübden!
Manches Gesicht sogar sah ich mit Tränen benetzt.
Jupiter mag die Frau vor so hässlichen Fehlern bewahren,
Der im geringsten daran liegt, dass sie Männern gefällt.

DER REIZ DER UNNAHBARKEIT

Was mich verfolgt, flieh ich, und ich verfolge, was flieht.
Hoffnung muss und Furcht uns gleich in der Liebe bewegen
Und die Erfüllung erst nahn nach versagtem Gehör.
Auch du, die du mir erst vor kurzem die Augen berückt hast,
Fürchte nur öfters Verrat, schlag mein Begehren mir ab;
Lass auf die Schwelle gestreckt mich oft vor den Pfosten der Türe
Liegen und lange den Frost dulden und Reif in der Nacht.

So wird dauern die Lieb und wird mit den Jahren sich mehren;
Das ergötzt mich; das gibt kräftige Nahrung dem Geist.
Liebe, die gar zu bequem und reichlich, erreget uns Ekel,
Gleich wie zu süßliche Kost wird bald dem Magen zur Last.
Hätte man Danaë nicht im ehernen Turme verschlossen,
Hätt auch Danaë Zeus nimmer zur Mutter gemacht.
Io, mit Hörnern entstellt und bewacht von der neidischen Juno,
Wurde gerade darum lieber dem Zeus als vorher.
Wer, was erlaubt und bequem ist, erstrebt, der rupfe vom Baum sich
Blätter zum Mahl, und den Trunk schöpf er aus offenem Fluss.

Was man leicht uns gewährt, das nährt nie lange die Liebe.
Mische zuweilen der Lust kränkende Weigerung bei.
Lass auf der Schwelle ihn ruhn, lass »Grausame Türe!« ihn klagen,
Lass demütig ihn flehn, lass ihn auch zürnen und drohn!
Süßes ertragen wir nicht. Man beleb uns mit bitteren Säften.
Oft schlägt grade der Kahn um durch den günstigen Wind.
Dies ist der Grund, weshalb in der Ehe die Frau nicht geliebt wird;
Wenn es ihm irgend gefällt, geht zur Gemahlin der Mann.
Schließ ihm die Tür und lass ihn einmal vom grausamen Pförtner
Hören: »Du kannst nicht!« Wie bald wär er verliebt in die Frau!

Bis sich der kürzlich gefangne Galan in die Garne verstrickt hat,
Leb er der Hoffnung, nur er werde beherrschen das Bett.
Nachher werd er gewahr, dass ein andrer des Kämmerleins Bündnis
Mit ihm teilt. Wenn *die* List fehlt, so ermattet die Glut.

Dann stürzt mutig das Ross sich aus den entriegelten
Schranken,
Wenn es noch andre gewahrt, die es verfolgt und besiegt.
Ja, die Beleidigung schürt selbst längst erloschene Flammen.
Sieh, ich gesteh es, ich selbst liebe nur, bin ich verletzt.
Aber der Kränkung Grund muss nicht handgreiflich und klar
sein,
Dass der Bekümmerte stets mehr noch sich denkt, als er weiß.

Gib, ihn zu reizen, auch vor, dass ein grämlicher Sklav dich
bewache,
Dass dich des grausamen Manns lästige Sorge verfolgt.
Die ganz sicher uns ist, die Lust schafft wenig Vergnügen:
Wärst du auch freier als selbst Thaïs, erheuchle Gefahr!
Lass durchs Fenster ihn ein, ist die Türe dir selbst auch
bequemer,
Les er auf deinem Gesicht immer Befürchtung und Angst.
Springe die listige Magd hervor und schreie: »Verloren!«
Bringe den Zitternden du gleich in das nächste Versteck!
Aber ein sichrer Genuss versüße zuweilen die Schrecken,
Dass er nicht denkt: »So viel sind doch die Nächte nicht
wert!«

DIE EROBERUNG

ALS MANN DEN ERSTEN SCHRITT MACHEN

Oh, der Jüngling vertraut zu sehr auf die eigene Schönheit,
Der da wartet, bis ihn bitte das Mädchen zuerst.
Erst muss nahen der Mann, er muss sie mit Worten erflehen;
Sie muss freundlichen Sinns lauschen dem schmeichelnden Flehn.
Bitte sie dreist um Erhörung; sie wünscht nur, dass du sie bittest;
Gib ihr den Anstoß nur, dass sich dein Sehnen erfüllt.
Jupiter lag auf den Knien vor den Heroinnen der Vorzeit,
Nie hat ein Mädchen zuerst ihn, den Gewalt'gen, verführt.

SCHWERSTARBEIT VOR DEM ERFOLG

Jeder, der liebt, ist Soldat, und sein eigenes Lager hat Amor;
Atticus, glaube mir fest, jeder, der liebt, ist Soldat.
Das für den Kriegsdienst taugt, das Alter ist passend zur Liebe:
Schlecht ist ein greiser Soldat, schlecht zum Verlieben ein Greis.
Feldherren fordern dasselbe Alter von tüchtigen Kriegern,
Das aus gutem Grund auch die Geliebte verlangt.
Beide dann ziehen auf Wacht; auf der Erd auch schlafen sie beide;
Der vor dem Feldherrn, der vor der Gebieterin Tür.

Weit zu gehn ist die Pflicht des Soldaten; man schicke das Mädchen,
Und ohn Ende verfolgt rüstig der Liebende sie.
Muss er Meere durchziehn, nicht schwatzt er vom tobenden Ostwind,
Fragt nicht, ob für die Fahrt günstig auch sei das Gestirn.
Wer außer einem Soldat oder Liebhaber duldete Nachtfrost
Oder mit stöberndem Schnee Ströme von Regen gemischt?
Als Kundschafter entsandt wird jener ins feindliche Lager,
Dieser erspäht des Rivals Augen, als wär er ein Feind.
Burgen belagert der eine, der andre der grausamen Liebsten
Schwelle; die Tore zerbricht jener und dieser die Tür.
Oft schon nützte es, Feinde im Schlaf zu überraschen,
Sie mit bewaffneter Hand waffenlos niederzuhaun.
Also benutzen ja auch Liebhaber den Schlaf des Gemahles
Und erheben die Wehr gegen den schlummernden Feind.
Zu durchschleichen die Schar der Wächter, die Posten der Späher,
Ist den Soldaten und ist armen Verliebten gemein.
Unzuverlässig ist Mars: nicht sicherer Venus; Besiegte
Richten sich auf, und von wem nie du es dachtest – er fällt.
Also nennet nicht mehr die Lieb ein müßiges Treiben!
Voll von geschäftigem Geist dünkt mich die Liebe zu sein.

LIEBESLEID DEMONSTRIEREN

Spiel den Verliebten und sprich, als seist du im Herzen verwundet.
Dass dies glaublich ihr wird, wirke mit jeglicher Kunst.
Auch ist die Mühe nicht groß: Man müsse sie lieben, so denkt ja
Jede, auch Hässlichsten scheint reizend die eigne Gestalt.

Tränen auch sind von Gewinn; selbst Stahl schmilzt unter den Tränen,
Zeig ihr, wenn du es kannst, Wimpern und Wangen benetzt.
Aber wenn Tränen – sie kommen nicht stets im rechten Momente –
Fehlen, benetze die Hand und mit der Hand das Gesicht.

Bleich sei jeder, der liebt, die Farb ist für Liebende passend;
Das ziert ihn – ein Tor, wer an die Wirkung nicht glaubt!
Bleich durchirrte den Wald, für Side schwärmend, Orion;
Bleich war Daphnis, der Hirt, den die Najade verschmäht.

Magerkeit zeig auch an, was du fühlst; nicht halt es für schimpflich,
Wenn du ein Tüchelchen dir legst um das glänzende Haar.
Nächte, mit Sorgen durchwacht, sie zehren am Leibe des Jünglings,
Kummer und Schmerz, wie ihn stets innige Liebe gebiert.
Dass dein Sehnen dir werde gestillt, errege du Mitleid,
Dass, wer immer dich sieht, müsse gestehen: »Er liebt!«

GESCHENKE DÜRFEN GERNE GÜNSTIG SEIN!

Nicht ist mein Rat, dass der Herrin du selbst kostbare Geschenke
Bietest; Geringes genügt, ist es nur passend gewählt.
Prangt mit Früchten das Feld, krümmt unter der Last sich der Baumzweig,
Bring im geflochtenen Korb ländliche Gaben dein Sklav!
Sag ihr, sie sein dir vom Gut soeben gesandt aus der Vorstadt,
Wenn du in Wahrheit sie auch kauftest am Heiligen Weg.
Mag er Trauben ihr bringen, Kastanien, einst Amaryllis'
Lieblingsfrucht; doch jetzt liebt Amaryllis sie nicht.

Auch ein Geschenk von Drosseln, ein Täublein diene zum Zeugnis,
Dass in der Ferne du selbst an die Gebieterin denkst.
Schmählich, wer so vom verwaisten Greis sich die Hoffnung auf Erbschaft
Kauft; Tod ihm, der so bringt das Geschenk in Verruf!

Rat ich ferner dir noch, ihr zärtliche Verse zu senden?
Wehe mir, nicht gar hoch stehet in Ehren ein Vers.
Aber es gibt auch jetzt – doch selten – gebildete Mädchen,
Andre, die gerne dafür gälten, auch ohn es zu sein.
Preise denn beiderlei Art mit Gedichten, und lies sie mit holdem
Tone, der jedes Gedicht, ist es auch mäßig, empfiehlt.
Diesen und jenen nun gilt ein Gedicht, auf sie selber ersonnen,
Als ein Ersatz vielleicht – für ein geringes Geschenk.

Was du selber zu tun im Begriff warst, was du für nützlich
Hältst, lass immer zuerst bitten dein Mädchen darum:
Hast du die Freiheit vielleicht schon einem der Deinen versprochen,
Um ihr Fürwort noch lass bei der Herrin ihn flehn.
Willst du die Strafe dem Knecht und die grausigen Fesseln erlassen,
Muss sie dir danken für das, was du von selber getan.
Bleibe der Nutzen für dich; mag sie an der Ehre sich freuen.

LEICHTE VERSPRECHUNGEN MACHEN

Sei im Versprechen nicht scheu; mit Versprechungen lockt man die Mädchen.
Ruf zu Zeugen des Schwurs Götter, so viele du willst.
Jupiter lacht aus der Höh ob des Meineids eines Verliebten,
Lässt vom äolischen Süd wehn in die Lüfte den Schwur.
Jupiter selbst schwur oft beim Styx meineidig der Juno,
Und sein Beispiel spricht wahrlich doch günstig für uns.

TIPP FÜR FRAUEN: REAKTION AUF SOLCHE VERSPRECHUNGEN

Schmeicheln sie euch mit Versprechen, versprecht mit den nämlichen Worten;
Geben sie aber, dann gebt auch den bedungnen Genuss.
Vestas ewiges Licht ist die imstande zu löschen,
Die stiehlt frech vom Altar, Isis, dein Tempelgerät,
Schierling und Aconit mischt die zum Trank für den Gatten,
Die das Geschenk erst nimmt und den Genuss dann versagt.

WENN DIE BEMÜHUNGEN AUF ZU STARKE ABLEHNUNG STOSSEN

Merkst du jedoch, dass dein Flehen sie nur mit größerem Hochmut
Aufbläht, dann halt ein; steh vom Begonnenen ab!
Was entflieht, scheint vielen erwünscht, doch verhasst, was sich aufdrängt:
Dränge sie weniger, und weniger fällst du zur Last.
Hoffnung auf Liebesgenuss auch muss nicht stets der Bewerber
Zeigen; als Freundschaft dringt Liebe versteckt in das Herz.
Oftmals sah ich, wie so die verdrießlichste Schöne getäuscht ward:
Der sich Verehrer genannt, ward der Geliebte zuletzt.

AUF JEDES MÄDCHEN ANDERS ZUGEHEN

Das bedenke zudem: es sind verschieden der Mädchen
Herzen, von tausenderlei Art ist der Tausende Fang!
So viele Mädchen es gibt auf der Welt, so vielerlei Herzen.
Der ist gescheit, der sich jeder zu fügen versteht

Und wie Proteus bald sich in flüchtige Wellen verwandelt,
Bald als Löwe, als Baum, bald als ein Eber erscheint.
Hier erlegt man den Fisch mit dem Speer, dort fängt ihn die Angel,
Und hier schleppt man am Seil mühsam das bauschige Netz.
Nicht ist dasselbe Verfahren passend für jegliches Alter.
Hirsche, durch Alter gewitzt, sehen die Netze von fern.
Wenn du der Züchtigen frech und verschmitzt Unkundigen vorkommst,
Trauen von vorneherein selber die Armen sich nicht.
Und so kommt es, dass sie, die dem Ehrlichen nicht sich vertraute,
Sich zur Umarmung feilbietet dem schlechteren Mann.

VORZÜGE ENTDECKEN UND LOBEN

Jetzt nun musst du mit schmeichelndem Wort das Gemüt ihr berücken,
Wie das Gewässer den Grund hangender Ufer zerwühlt.
Werde nicht müde, der Liebsten Gesicht und Haare zu preisen,
Und wie die Finger so schlank und wie so niedlich der Fuß.
Selbst die Züchtigste hört es gern, wenn man ihre Figur lobt:
Jungfraun schmücken sich gern, freuen sich ihrer Gestalt.
Weshalb schämten sich Juno noch jetzt und Pallas, dass einst sie
Nicht durch den richtenden Spruch siegten im phrygischen Wald?

Nehmt euch vor allem in acht, die Gebrechen des Mädchens zu rügen,
Ja, es hat manchem genützt, dass er mit Fleiß sie nicht sah.
Warf Andromedas dunkle Haut ihr doch nimmer der Held vor,
Der an den Füßen ein Paar flüchtiger Fittiche schwang.
Riesenhaft erschien Andromache fast jedem andern –
Hektor von allen allein fand sie von mäßigem Wuchs.

Lindre die Mängel nur selbst durch Benennungen: nenne das Mädchen
Dunkel, das schwärzeres Blut hat als illyrisches Pech.
»Abbild der Venus« sei die, welche schielt, »Minerva« die Finstre;
Stirbt sie vor Magerkeit fast, sei »graziös« sie gebaut.
Nenne die Kleine »behend« und »üppig gewachsen« die Dicke;
Jeglichen Fehler verbirg unter dem ähnlichsten Reiz.

ALLES LÄSST SICH VORTEILHAFT DEUTEN

Keine bestimmte Gestalt auch ist's, die zum Lieben mich anreizt;
Gründe zu Hunderten stets halten mich ewig in Glut.
Wenn den bescheidenen Blick ein Mägdlein senkt auf den Boden,
Steh ich in Flammen; Verrat lauert auf mich in der Scham.
Ist sie dreist und kokett – entzückt sie mich, weil sie nicht bäurisch,
Weil sie auf üppigem Pfühl munter zu sein mir verheißt.
Wenn sie mir störrig erscheint und der spröden Sabinerin ähnlich,
Denk ich: ›Sie möchte gewiss; aber verstellt sich mit Fleiß.‹
Bist du gebildet, mein Kind, so gefällst du durch seltene Künste,
Bist ungebildet du, steht Einfachheit grade dir schön.
Gegen mein Lied erklärt Kallimachos' Lieder für bäurisch
Eine: gefall ich so sehr ihr, so gefällt sie auch mir.
Jene dagegen verschmäht mich als Dichter und tadelt die Lieder:
Tadlerin, o wie gern ließ ich mich schulen von dir!
Sanft ist ihr Gang: es entzückt mich ihr Schritt. Starr scheint sie und eckig:
Wird sie doch sanfter gewiss, wenn sie der Mann nur berührt!

Dieser, die lieblich singt, alle Töne beherrscht mit der Stimme,
Hätt ich so gern beim Gesang Küsse geraubt und geschenkt.
Diese durcheilt mit dem Finger behend sanft klagende Saiten;
Und wer liebte die Hand nicht, die voll Kunst sich so regt!
Reizend bewegt sich die und wendet harmonisch die Arme,
Und mit schmiegsamer Kunst dreht sie den zierlichen Leib –
Von mir schweig ich dabei, der entbrennt bei jeglichem Anlass:
Stelle Hippolytus hin, sicher, er wird zum Priap.
Gleichst du, schlanke Gestalt, nicht den Heroinen der Vorzeit?
Völlig und groß liegst du über das Polster gestreckt.
Handlich ist wieder, die klein von Wuchs: Sie verführen mich beide,
Groß und klein, sie sind beide mir völlig nach Wunsch.
Ist sie geputzt nicht, so denk ich: ›Was könnte der Putz an ihr bessern?‹
Ist sie geschmückt: ›Was sie schön macht, ist ihr eigener Reiz.‹
Blendendes Weiß entzückt, es entzückt mich die dunkele Schönheit;
Selbst in der bräunlichen Haut liegt ein verlockender Reiz.
Wenn von dunklem Haar ihr schneeiger Nacken umwallt ist:
War mit dem schwärzesten Haar Leda nicht prächtig zu schaun?
Ist sie blond: wie gefiel mit den Krokoslocken Aurora!
Meine Verliebtheit passt allen Geschichten sich an.
Jugend erregt mich tief; mich bewegt das spätere Alter,
Jene durch schöne Gestalt, dieses durch reifen Verstand.
Kurz, um sämtliche Schönen der Stadt, die einer mir rühmte,
Um sie alle gesamt würbe mit Eifer mein Herz.

DAS PERSONAL DER AUSERWÄHLTEN FÜR SICH GEWINNEN

Doch erst sorge dafür, dass der Magd des zu ködernden Mädchens
Du dich vertraust. Sie macht leichter zur Herrin den Weg.
Wähle dir sie, die im Rat der Gebieterin stehet am höchsten,
Die um den heimlichen Flirt weiß, doch zu schweigen versteht.
Such mit Versprechungen sie, mit Bitten und Flehn zu bestechen:
Was du begehrest, erhältst leicht du, wenn sie es nur will.
Sie erspäht dir die Zeit – auch Ärzte beachten die Zeit ja –,
Wo der Gebieterin Sinn leicht sich den Wünschen ergibt.
Leicht ergibt sich der Sinn, wenn in fröhlichster Stimmung er üppig,
Wie im fruchtbaren Land sprossende Saat, sich erhebt.
Wenn sich freuet das Herz, wenn es nicht von Kummer beklemmt wird,
Öffnet es sich; dann dringt Venus, die Schmeichlerin, ein.
Ilion ward, da im Kummer es war, mit den Waffen verteidigt
Und ließ im Jubel das Ross ein, das die Krieger gebar.
Aber die Dienerin muss, wenn sie ihr frühmorgens das Haar kämmt,
Sie anreizen und muss Segel dem Ruderer leihn,
Muss aufseufzend für sich mit leisem Gemurmel dann sagen:
»Dacht ich es doch; du vergiltst Gleiches mit Gleichem ihm nie.«
Dann erzählt sie von dir; dann fügt sie berückende Worte
Noch hinzu und schwört, dass du vor Liebe vergehst.

Schäme dich nicht, um der Sklavinnen Gunst, von der ersten zur letzten,
Schäme dich nicht, um des Knechts wichtige Gunst dich zu mühn.

Jeglichen grüße zuerst – was verlierst du dadurch? – mit dem Namen;
    Wie sich auch sträubte dein Stolz, drücke die dienende Hand.
Aber dem Knecht auch gib – der Verlust ist klein –, wenn er bittet,
    An Fortunas Tag immer ein kleines Geschenk.
Ferner beschenke die Magd an dem Tag, wo der Gallier Heerschar,
    Durch ein Hochzeitskleid listig betrogen, erlag.
Mache zuerst – verlass dich auf mich – das Gesinde dir dienstbar:
    Erstlich den Pförtner und dann ihn, der am Kämmerlein wacht.

LIEBESBRIEFE ALS WEGBEREITER

Wachs, in geglätteten Täfelchen, lass die Furt dir erproben,
  Wachs als Boten vorangehen dem eigenen Wunsch.
Mag es Schmeichelgetön und verliebt sich stellende Worte
  Zu ihr tragen und nicht geizen mit Bitten und Flehn.
Bitten bewegten Achill, dass er Hektor dem Priamus schenkte,
  Und ein bittendes Wort sänftigt den zornigen Gott.
Gib ihr Versprechungen auch. Was können Versprechungen schaden?
  An Versprechungen ist jeder so reich, wie er will.
Hoffnung, einmal geglaubt, hält vor auf längere Zeiten;
  Freilich, die Göttin ist falsch, aber sie bringt dir Gewinn.
Hast du ihr etwas geschenkt, ist ein Grund da, dich zu verlassen.
  Was du ihr gabst, hat sie weg, und zu verlieren ist nichts;
Doch, was du nicht ihr geschenkt, scheint stets ein künftig Geschenk ihr,
  Wie unfruchtbares Land oft den Besitzer betrügt,
Wie ohn Ende der Spieler verliert – um nicht zu verlieren,
  Und wie der Würfel die Hand immer von Neuem verlockt.
Das ist die Kunst, da liegt's! Den Genuss erst, dann die Geschenke!
  Gab sie dir, gibt sie dir stets, dass sie vergebens nicht gab.

DIE RICHTIGEN WORTE FINDEN

Also gehe der Brief, mit schmeichelnden Worten geschrieben,
Und erforsche den Geist, prüfe die Wege zuvor.
Ward Cydippe doch auch durch die Schrift auf dem Apfel gefangen
Und, nichtsahnend, berückt durch das gelesene Wort.
Lernt, ihr Jünglinge Roms, ich rat es, die edelen Künste
Nicht allein, dass ihr einst zage Klienten beschützt:
So wie das Volk, der erlesne Senat und der würdige Richter
Wird durch der Rede Gewalt doch auch ein Mädchen besiegt.
Aber verstecke die Kraft, zeig nicht gleich offen den Redner;
Halte dein Ausdruck stets lästiger Phrase sich fern.
Wer, der nicht kopflos ganz, deklamiert vor der holden Geliebten?
Wurde Geschriebnes doch oft Grund zu entschiedenem Hass.
Glaubhaft klinge dein Wort und gleich der gewöhnlichen Rede,
Wenn schon schmeichelnd: es muss scheinen, als sprächst du mit ihr.

UNGELESEN ODER UNBEANTWORTET ZURÜCKGESENDET?

Wenn sie den Brief nicht nimmt, ihn ohne zu lesen zurückschickt,
Hoffe, dass künftig sie ihn liest, und beharre dabei.
Zeit lässt störrige Farren dem Pflug allmählich sich fügen,
Macht dem geschmeidigen Zaum folgsam das stolzeste Ross.
Selbst ein eiserner Ring wetzt ab im steten Gebrauche,
Und es zerreibt sich des Pflugs hackiges Eisen am Schluss.
Was ist härter als Fels, was ist so weich wie die Welle?
Weiches Gewässer durchhöhlt dennoch das harte Gestein.
Harre nur aus, du wirst gar Penelope besiegen;
Spät fiel Pergama zwar, aber es fiel doch zuletzt.

Las sie den Brief und versagt sie die Antwort, zwinge sie ja nicht:
Lass von Neuem sie nur lesen dein schmeichelndes Wort.
Die sich zum Lesen entschließt, die bekommt auch Lust zum Erwidern.
Schritt um Schritt geht das seinen gemessenen Gang.
Möglich, dass sie zuerst dir einen verdrießlichen Brief schreibt,
Der dich ersucht, sie hinfort nicht zu belästigen mehr.
Aber sie fürchtet, du tust, was sie bittet; sie wünscht, dass du fortfährst.
Fahre nur fort, und dir wird, was du ersehntest, zuteil.

»Nape, die du das flatternde Haar zu sammeln und ordnen
Trefflich verstehst, nicht zum Schwarm niedriger Mägde gehörst,
Wohl vertraut mit dem Dienst verstohlener Nächte, geschickt auch
Und erfinderisch, wenn Zeichen zu geben es gilt;
Die du Corinna so oft zuredetest, wenn sie zu kommen
zögerte, die du mir treu auch in der Not immer warst:
Nimm die Täfelchen, die heut morgen ich schrieb, und der Herrin
Bringe sie; jeden Verzug räume gewandt aus dem Weg.
Nicht von Kieselgestein noch hart von Stahl ist dein Busen,
Nicht einfältiger auch bist du als jedwede Magd,
Ja, ich vermute, auch du hast Amors Bogen empfunden;
Schütze die Fahnen in mir, denen du selber gefolgt.
Fragt sie, wie es mir geht, so sprich: »Er lebt von des Abends
Hoffnung.« Das Übrige schrieb schmeichelnd die Hand auf das Wachs.
Während ich rede, entfliehet die Zeit; gib, hat sie zu tun nicht,
Klug ihr das Täfelchen, doch mach, dass sogleich sie es liest.
Sieh (das befehl ich dir an), wenn sie liest, nach Augen und Stirn ihr,
Da Zukünftiges oft schweigend die Miene verrät.
Dann lass ohne Verzug recht viel sie schreiben zur Antwort;
Ärgerlich ist's, dehnt rings leer sich das glänzende Wachs.

Dränge sie Zeil an Zeile, sodass auf des äußersten Randes
Halb verstümmelter Schrift lange mein Auge verweilt.
Doch, was soll sie sich viel mit dem Stift die Finger ermüden?
Lass nur das eine Wort stehn auf dem Täfelchen: ›Komm!‹«

TIPP FÜR FRAUEN: AUF LIEBESBRIEFE REAGIEREN

Erst wird die Furt mit Worten geprüft; man schreibt dir auf fichtnen
Täfelchen; wähle die Magd klug, die das Briefchen empfängt.
Lies sehr genau und entnimm aus der Art des Geschriebenen selber,
Ob nur erheuchelt sein Flehn, ob aus dem Herzen es kommt.
Schreibe nach einiger Zeit ihm zurück. Es entflammt den Verliebten
Jeder Verzug noch mehr, währt er zu lange nur nicht.
Weder versprich dich gleich zu gefällig dem flehenden Jüngling,
Noch in grausamem Ton schlag, was er bittet, ihm ab.
Lass ihn fürchten und hoffen zugleich, und sooft du erwiderst,
Werde geringer die Furcht, größer die Hoffnung in ihm.
Elegant sei dein Stil, doch gebräuchlich, des täglichen Lebens
Sprache, der Umgangston schickt sich am besten für euch.
Oh, wie hat oft ein Brief noch schwankende Herzen entzündet,
Oft ein barbarischer Stil Schönheit zuschanden gemacht!

Doch da auch ihr, wiewohl ihr des ehrenden Schleiers entbehret,
Sehr mit der Sorg euch tragt, wie ihr die Männer betrügt,
Lasst von der Magd, von des Sklaven Hand euch schreiben die Briefe.
Dem vertrauet kein Pfand, den ihr erst kürzlich gekauft!

Hab ich doch Mädchen gekannt, die, bleich aus Furcht vor Erpressung,
Kläglich das peinlichste Joch trugen für ewige Zeit.
Freilich ein Bube nur ist, wer solch ein Pfand sich zurückhält:
Aber wie Ätnas Blitz schwingt es die drohende Hand.
Doch ich halt für erlaubt, den Betrug mit Betrug zu vertreiben,
Waffen mit Waffengewalt dämpfen gestattet das Recht.
Mag in verschiedener Schrift sich die Hand zu schreiben gewöhnen.
(Fluch ihm, welcher mich zwingt, Lehren zu geben wie die!)
Schreibt nicht, eh ihr die frühere Schrift sorgfältig gelöscht habt,
Dass auf dem Täfelchen nie zweierlei Hände man sieht.
Redet auch stets, wann immer ihr schreibt, den Geliebten als Frau an,
Und wo ein »er« vorkommt, setzt in den Briefen ein »sie«.

Halten der Augen so viel, wie Argus sie hatte, die Wache,
Wenn du nur ernstlich willst, werden sie alle getäuscht.
Steht dir denn wirklich der Wächter im Weg, ein Briefchen zu schreiben?
Hast du doch so viel Zeit, als man zum Waschen dir gönnt,
Ist die Vertraute doch da, um die Briefe für dich zu befördern,
Die sie an wärmender Brust unter der Binde versteckt,
Kann sie verschlossnes Papier doch leicht an der Wade verbergen,
Unter dem Fuß im Schuh trägt sie die zärtliche Schrift.
Falls sie der Wächter durchsucht, so soll sie den Rücken dir bieten
Statt des Papiers; als Brief liefert sie selber sich ab.

Sicher und unsichtbar ist die Schrift mit eben gemolkner
Milch: wer sie liest, streut erst Pulver von Kohle darauf.
Auch mit dem Stengel des Leins, noch feucht, ist die Täuschung zu üben.
Rein ist die Tafel, und doch trägt sie verborgene Schrift.

HEIMLICHE TREFFEN

KEINE FRAU LÄSST SICH VOLLSTÄNDIG BEWACHEN

Wächter, was kannst du tun, da so viele Theater in Rom sind,
Da sie, die Rosse zu schaun, gern sich zum Circus begibt,
Da sie die pharische Kuh andächtig verehrt mit dem Sistrum,
Orte besucht, wohin nie ein Begleiter sich wagt?
Da sich Faunas Tempel verschließt vor den Blicken der Männer –
Außer wenn selbst sie vielleicht einen dahin sich bestellt?
Da in den Bädern so oft, wenn draußen der Wächter des Mädchens
Kleider bewahrt, Kurzweil allerlei Art sich versteckt,
Da, sooft es ihr not, die listige Freundin ihr krank wird
Und, wie krank sie auch sei, dennoch ihr leihet das Bett,
Da aus dem Namen erhellt, wozu Nachschlüssel uns dienen,
Und da neben der Tür mancherlei Wege noch sind?

WÄCHTER AUSSER GEFECHT SETZEN – ODER FÜR SICH EINNEHMEN

Wächter beschwichtigt man auch mit Lyaeus' reichlicher Gabe,
Wär auf Spaniens Höhn auch nur die Traube gereift.
Tränke bereitet man auch, die tief in Schlummer versenken
Und mit lethäischer Nacht dunkel verhüllen den Blick.
Übel auch nicht, wenn die Zofe mit zögernder Lockung den Wächter
Kirrt und nach langem Verzug endlich – doch spät – sich ergibt.

Aber wozu sich im Umschweif nahn mit schwächlichen Mitteln,
Da mit dem kleinsten Geschenk leicht man den Wächter besticht?
Glaubt mir, mit Gab und Geschenk erobert man Menschen und Götter,
Wird doch mit Gab und Geschenk Jupiter selber versöhnt.
Was hat der Kluge zu tun, wenn der Dumme sich selbst des Geschenks freut?
Sicher, er nimmt das Geschenk, wenn er's bekommt – und ist stumm.
Aber nur einmal bestich für lange Jahre den Wächter,
Bot er dir einmal die Hand, bietet er öfters sie auch.

»Pförtner, ich bitte Geringes; lass halb sich öffnen den Eingang,
Nur so viel, dass sich schräg dränge die Seite hindurch.
Liebe, so lange geübt, hat schmächtig zu solchem Gebrauche,
Leicht an Gewicht und behend längst mir die Glieder gemacht.
Amor hat mir gezeigt, wie ich sacht die Posten der Wächter
Könne durchschleichen; er hat sicher die Füße gelenkt.«

IN STIMMUNG KOMMEN

Heiß war der Tag und hatte bereits vollendet die Mitte,
Und auf dem Polster zur Rast hatt ich die Glieder gestreckt.
Halb war geöffnet und halb verschlossen der Laden des Fensters
Und die Beleuchtung matt, wie in den Wäldern sie herrscht;
Gleichwie die Dämmerung sanft nur strahlt, wenn Phoebus entflohn ist
Oder verschwunden die Nacht, ehe der Tag noch begann.
Diese Beleuchtung musst du schüchternen Mädchen bereiten,
Da sich die ängstliche Scham drin zu verstecken gedenkt.

»Siehe, Corinna, sie naht, umhüllt von entgürtetem Kleide,
Und ihr entfesseltes Haar wallt um den glänzenden Hals,
Ich entriss ihr das Kleid – es zeigte mehr als es verhüllte –,
Doch sie stritt um das Kleid, sich zu bedecken damit.
Aber da so sie stritt, als trachte sie nicht nach dem Siege,
Ward durch den eignen Verrat ihre Besiegung nicht schwer.«

ZÄRTLICHKEITEN AUSTAUSCHEN

Sieh, das vertrauliche Bett empfing nun die beiden Geliebten.
Hemm, o Muse, den Schritt vor dem verschlossnen Gemach!
Ganz von allein, ohne dich, sind schnellstens Worte gefunden,
Und auch die linke Hand liegt nicht nutzlos im Bett.
Finger finden heraus, was an den Stellen zu tun ist,
Wo auch des Liebesgotts Pfeilspitzen werden so feucht.

GEMEINSAM ZUM HÖHEPUNKT – MIT ERFAHRUNG & TECHNIK

Nun sind die Älteren viel erfahrener in dem Geschäfte,
Haben die Übung, und *die* macht ja den Meister allein.
Liebesstellungen zu Tausenden kennen sie, wunschlos
Wirst du sein – und sie denken stets neue sich aus.
Sie empfinden die Lust, auch wenn sie dazu nicht gereizt sind:
Das ist Genuss, wo zugleich Mann ihn empfindet und Weib.
Die auch hasse ich drum, die nur aus Berechnung sich hingibt,
Trocken daliegt und steif, nur an die Hausarbeit denkt.
Die man aus Pflicht mir schenkt, die Wollust ist mir zuwider.
Pflicht und Dienst soll nie fesseln ein Mädchen an mich.

Gerne entnehm ich ihren Genuss der erschöpften Stimme,
Die mich bittet: »Noch nicht! Warte noch einen Moment!«
Und in ihre besiegten Augen will ich dann blicken,
Will, dass sie, abgekämpft, nicht mehr berührt werden will.
Solcherlei Reiz schenkt nicht die Natur der früheren Jugend:
Sieben Jahrfünfte zuvor pflegen ins Land zu gehn.
Wenn es dir eilt, so trinke den Most; mir sprudle von altem
Jahrgang würdiger Wein, lang auf dem Zapfen bewahrt.
Spät erst leiht die Platane dir Schutz vor den Strahlen des Phoebus,
Und auf keimendem Gras ritzt man den nackenden Fuß.
Möchtst du der Helena wohl die Tochter Hermione vorziehn?
Und war Gorge wohl besser als die sie gebar?
Wenn du darum dich entschließt, zu reiferer Liebe zu greifen,
Und du harrest nur aus, bist du des Lohnes gewiss.

Glaub mir, die Freuden der Liebe darf man nicht übereilen,
Sondern mit süßer Geduld locke sie zärtlich hervor!
Hast du die Stellen entdeckt, deren Berührung ihr Lust bringt,
Hindere dich keine Scham, dass du sie dort verwöhnst.

Ihre Augen sodann siehst du funkeln von flackernden Blitzen,
Feucht, wie auf Wasser sein Licht gleißend der Sonnenschein wirft.
Stöhnen folgt dann sogleich, hinzu tritt liebliches Murmeln,
Süße Seufzer zudem, Worte, die passen zum Spiel.

Lass weder sie hinter dir, indem unter größeren Segeln
Du vorauseilst, noch soll ihre Fahrt dich überholn.
Eilt im Gleichschritt zum Ziel! Denn dann ist die Lust nur vollkommen,
Wenn im Einklang besiegt neben der Frau liegt der Mann.
Folgt dieser Route, sofern ihr reichlich Zeit habt zur Muße,
Wenn ihr von Furcht unbedrängt treibt das heimliche Werk.
Bringt Verzögerung aber Unsicherheit mit sich, legt euch
In die Ruder und gebt Sporen dem eilenden Pferd.

DIE BESTEN STELLUNGEN

Mehr noch zu lehren erröt ich. Jedoch die holde Dione
Muntert mich auf und spricht: »Das grade ist ja mein Werk!«
Jede kenne sich selbst. Die Stellung wählt nach den Reizen –
Nicht für jede Gestalt passt auch die gleiche Manier!
Hast du ein schönes Gesicht, leg rückwärts dich in die Kissen,
Doch wenn dein Rücken gefällt, dann lass den Rücken auch sehn!
Auf seinen Schultern trug Milanion einst Atalanta –
Sind deine Schenkel sehr schön, wag es, und tu es ihr gleich!
Nur eine Kleine kann reiten; doch Hektors thebanische Gattin
Wusste, warum sie's nicht tat – sie war dafür viel zu groß.
Knie dich aufrecht ins Bett, den Kopf ein wenig nach hinten,
Wenn du schlank bist und groß und deine Hüfte gefällt.

Knabenhaft sind deine Schenkel und ganz ohne Tadel die Brüste?
Nun, so stehe der Mann, du liege schräge vor ihm.
Dabei löse das Haar, das ist keine Schande, und lass es
Locker umspielen den Hals, wie's die Phylleërin trug.
Du auch, der schon den Bauch mit Falten Lucina gezeichnet,
Reite – doch umgekehrt, so wie der Parther, der flieht!
Tausend Arten gibt es, der Venus zu dienen: ganz einfach
Ist's halb liegend getan, etwas nach rechts hin gewandt.
Phoebus' Dreifüße nicht und Ammon nicht, der gehörnte,
Sagt euch wahreren Rat, als meine Muse ihn singt!
Glaubt nur, vertraut meiner Kunst, durch Übung ist sie erworben!
Wenn etwas, so verdient sicherlich Glauben mein Wort.
Bis ins innerste Mark muss die Frau die Liebe genießen,
Gleich sei ganz der Genuss für den Geliebten und sie.

ZUR NOT: DEN ORGASMUS NUR VORTÄUSCHEN

Du auch, der den Geschmack an der Liebe das Schicksal verweigert,
Heuchle und stelle dich ganz so, als empfändest du Lust.
Nur, wenn du heuchelst, gib acht, dass er dir die Lüge nicht anmerkt,
Blicke, bewege dich so, dass er gern Glauben dir schenkt!
Dass er dir wohltut, bezeuge dein Wort, dein seufzender Atem –
Mehr sag ich nicht, doch es gibt heimliche Zeichen auch dort.

POTENZMITTEL

Einige schlagen nun vor, man solle die schädliche Pflanze
Saturei essen, das ist meines Erachtens ein Gift.
Pfeffer auch mischen sie wohl mit dem Samen der brennenden Nessel;
Gelbliches Bertramkraut reiben sie sich in den Wein.
Aber es lässt nicht so zum Genuss sich zwingen die Göttin,
Die an des Eryx Höhn weilet im schattigen Tal.
Glänzende Zwiebeln vielmehr, die Alcathous' griechische Feste
Sendet, anregendes Kraut, das aus den Gärten uns kommt,
Eier auch nimm, und nimm aus Hymettus' Waldungen Honig,
Endlich die Nuss, die im First stachliger Pinien wächst.

UNBEMERKTER SEX IN DER ÖFFENTLICHKEIT

Oft schon unter dem deckenden Mantel fanden wir beide,
Fanden mein Mädchen und ich Raum für geschwinden Genuss.

DER GENTLEMAN GENIESST UND SCHWEIGT

Einen Ort gibt es, der fordert Lüsternheit, also füll ihn
Mit jeder Form von Verkehr: draußen bleibe die Scham!
Hast du ihn aber verlassen, sei jegliche Wollust dir danach
Fern und in deinem Bett lass deine Sünden zurück.
Ceres' heiligen Brauch und des thrakischen Samos erhabne
Opfer, wer möchte die wohl keck den Profanen vertraun?
Ja, das Verdienst ist klein, von heimlichen Dingen zu schweigen,
Aber die Schuld ist groß, schwatzt das Geheime man aus.

Gut, dass inmitten der Flut der Plauderer Tantalus dürstet,
Dass er umsonst mit der Hand hascht nach den Äpfeln am Baum!
Aber vor allem verlangt Kytherea von ihren Geweihten
Schweigen; ich rate, dass ihr nie ein Geschwätziger naht!
Doch jetzt rühmt man sein nächtliches Tun durch prahlende Schilder,
Kauft um erkleckliches Geld nichts als ein leeres Geschwätz.
Deshalb probst du, wo du sie triffst, in Masse die Mädchen,
Dass du jedem vertraust: »Diese auch hab ich gehabt«?
Nur, dass keine dir fehl, auf die mit Fingern du zeigest,
Wird, wenn du eine berührst, stets sie zum eklen Geschwätz?
Doch das ist nichts: man erdenkt, was, wär es geschehen, man sicher
Leugnete, und man erklärt: »Keine, die mich nicht erhört!«
Können sie nicht an den Leib, so müssen den Namen sie schänden,
Wenn sie den Leib nicht berührt, wird doch die Ehre befleckt.

DER MORGEN DANACH: SCHÖNES ERWACHEN

Über den Ozean kommt, blondlockig, vom greisen Gemahle
Sie, die den nahenden Tag bringt mit bereiftem Gespann.
Wohin so rasch, Aurora? O bleibe! So sühne den Schatten
Memnons der Vöglein Schar jährlich durch festlichen Mord!
Jetzt erst liegt sich's so schön in der Herrin weicher Umarmung,
Jetzt, wenn je, schmiegt sanft mir an die Seite sie sich.
Jetzt ist wonnig der Schlaf, jetzt sind voll Kühlung die Lüfte,
Und aus dem Kehlchen entquillt frischer dem Vogel sein Lied.
Was enteilst du, verhasst den Männern, verhasst auch den Mädchen?
Zieh den betaueten Zaum straff mit der purpurnen Hand.

Du zuerst siehst ziehn mit dem Karst den beladenen
Landmann,
Rufest den langsamen Stier zu dem gebogenen Joch,
Stiehlst dem Knaben den Schlaf und lieferst ihn aus an den
Lehrer,
Dass von grimmigem Hieb schwelle die zärtliche Hand.
Alles ertrüg ich gern – doch dass früh aufstehen die Mädchen,
Duldet wohl keiner, als wer selber kein Mädchen besitzt.

WARNUNG AN FRAUEN, SICH ZU PROSTITUIEREN

Schändlich, durch Zoll und Zins vom Bett zu vermehren das
Erbgut,
Schändlich, die Schönheit preisgeben für schnöden Gewinn.
Schuldet mit Recht man Dank nur für Dinge, die nicht man
bezahlt hat,
Kann ein vermietetes Bett nie uns verpflichten zum Dank.
Der da mietet, hat alles bezahlt. Hat den Lohn er gegeben,
Bleibt für keinerlei Dienst er dir verpflichtet hinfort.
Hütet euch drum, ihr Schönen, die Nacht für Geld zu
verhandeln;
Die nach den Freuden der Venus sich eine Gabe noch
fordert,
Mädchen, die wünscht doch wohl selbst, dass sie der Mann da
nicht hört!

DIE BEZIEHUNG PFLEGEN

Nicht ist's genug, dass auf mein Lied dir das Mädchen gefolgt
ist;
Fing ich mit Kunst sie dir ein, halt ich mit Kunst sie dir fest.

VERTRAUTHEIT AUFKOMMEN LASSEN

Nicht derselbe Wind, mit dem du vom Strande schiffend
Deine Segel gelenkt, hilft dir auf hoher See.
Während die Liebe noch schwankt, ist Übung den Kräften
vonnöten:
Hast du sie tüchtig genährt, wird sie gestärkt mit der Zeit.
Der als Stier dich erschreckt, den pflegtest als Kalb du zu
streicheln,
Und der Baum, der dich jetzt schattig umwölbt, war ein Reis.
Winzig entspringt ein Fluss, doch kommt im Lauf er zu Kräften,
Und wo immer er rinnt, fließen Gewässer ihm zu.
Lass sie an dich sich gewöhnen; es geht nichts über Gewohnheit,
Bis dies Ziel du erreichst, achte du nichts für zu schwer.
Sehe sie immer nur dich, für dich nur habe sie Ohren,
Und bei Tag und Nacht biete dein Antlitz ihr dar.

Was dir nicht recht ist, gewöhne dich dran; du erträgst es, die
Zeit heilt
Viel; ist die Liebe noch neu, merkt sie auf jegliches Ding.
Ehe das Pfropfreis fest mit der grünenden Rinde verwachsen,
Mag es die leiseste Luft schütteln, so fällt es herab.

Doch wenn die Zeit es gehärtet, so wehrt es sich gegen die Stürme,
Und sein Pflegekind hält fest der erwachsene Baum.
Ja, es befreit die Zeit von jeglichem Fehler die Körper;
Was ein Gebrechen dir schien, ist dir nicht hinderlich mehr.
Anfangs scheint man Geruch von Stierleder kaum zu ertragen:
Doch mit der Dauer der Zeit täuscht dich der widrige Duft.

MAGIE NÜTZT NICHTS

Der geht fehl, der sich den hämonischen Künsten vertrauet,
Der, was dem Fohlen am Kopf wächst, sich zum Mittel erwählt.
Nicht medeïsches Kraut wird Leben der Liebe verleihen
Noch mit Magiersang marsische Sprüche vermischt.
Circe hätte Ulyss, die Phasierin Iason gefesselt,
Hätte Gesang und Spruch Liebe zu bannen die Kraft.
Nicht auch nützen den Fraun bleichmachende Zaubergetränke;
Zaubergetränk ist dem Geist schädlich und treibt ihn zur Wut.

SEI GEISTREICH!

Dass du die Herrin bewahrst, nicht staunst, dich verlassen zu sehen,
Füge der Schönheit des Leibs geistige Gaben hinzu.
Schönheit ist nur ein gebrechliches Gut; wie die Jahre sich mehren,
Schwindet sie hin, und es zehrt eigene Dauer sie auf.
Blühen die Veilchen ja nicht noch blühn Hyazinthen beständig,
Und nach der Rose Verlust starret entblättert der Dorn.

Dir auch werden sich bald, o Schönster, die Haare verfärben,
Dir auch werden den Leib furchend die Runzeln durchziehn.
Stärke den Geist deshalb, dass er dauert; verbünd ihn der Schönheit!
Denn er bleibt dir allein bis zu dem Leichengerüst.
Achte die Sorge nicht klein, dass mit edlen Künsten das Herz du
Bildest und dass in zwei Sprachen bewandert du seist.
Schön war Ulixes nicht, er war nur gewandt in der Rede,
Und doch hat er des Meers Göttinnen liebend entflammt.
Oh, wie beklagte sich oft Kalypso, dass er so eile,
Sagte, die Meerflut sei jetzt nicht geeignet zur Fahrt,
Fragte nach Trojas Geschick ihn immer und immer von Neuem,
Und denselben Bericht gab er in anderer Form.
Drum magst schüchtern du nur – denn es trügt – auf dein Äußres vertrauen,
Wer du auch seist, wenn du nicht mehr als den Körper besitzt!

UNVERZICHTBAR: CHARME UND KOMPLIMENTE

Wer mit Geschick Nachgiebigkeit zeigt, der berückt die Gemüter:
Rauheit erzeugt nur Hass, Streit und verderblichen Krieg.
Wird nicht der Habicht gehasst, da er immer in Waffen sich tummelt,
Oder der Wolf, der stets zitternde Herden bekriegt?
Aber der Schwalbe, die sanft und fromm, stellt nimmer ein Mensch nach,
Und dem chaonischen Schwarm bauen wir Türme zum Sitz.
Fern drum bleibe Gezänk und der Kampf der erbitterten Zunge,
Werde mit zärtlichem Wort Liebe, die sanfte, genährt.

Streitend verfolge der Mann die Gemahlin, die Gattin den Gatten,
Mögen sie's treiben, als ob ewig sie stehn im Prozess.
Passend für Ehen ist das: Zank gilt für Frauen als Mitgift;
Nur was gerne sie hört, höre dein Liebchen von dir.
Nicht auf Gesetzes Befehl hat euch ein Lager vereinigt,
Liebe vertritt bei euch einzig die Stelle des Rechts.
Zärtliches Schmeichelgetön und das Ohr ergötzende Worte
Bring ihr mit, dass sie stets über dein Kommen sich freut.

Ist dir ernstlich darum zu tun, dein Mädchen zu fesseln,
Musst du ihr völlig entzückt scheinen von ihrer Gestalt.
Trägt sie Purpurgewand, so preise die Purpurgewänder;
Trägt sie ein koïsches Kleid, rühme das koïsche Zeug.
Prangt sie in Goldbrokat, so sprich, sie sei teurer als Gold dir;
Geht sie in zottigem Flausch, lobe den zottigen Flausch.
Naht in der Tunica sie, so rufe: »Du setzt mich in Flammen!«
Doch dass schüchtern zugleich du vor Erkältung sie warnst!

Trägt sie das Haar im Scheitel und schlicht, so preise den Scheitel,
Brennt sie sich Locken: Wie schön steht doch gekräuseltes Haar!
Tanzt sie, bewundre den Arm, und singt sie, bewundre die Stimme,
Herzlich beklage beim Schluss, dass das Vergnügen zu kurz.
Ja, die Umarmungen selbst und der Liebe Genuss mit Entzücken
Rühmen ist gut; als Lohn winken die Freuden der Nacht.
Nur dass bei solcherlei Wort du nicht als Heuchler erscheinest,
Hüte dich, oder dass gar Lügen dich strafe dein Blick!
Kunst, die versteckt ist, nützt; doch verrät sie sich, bringt sie dir Schande,
Und auf ewige Zeit raubt sie mit Recht das Vertraun.

IN JUPITERS FUSSSTAPFEN TRETEN – ALS KAVALIER

Spanne die Sprossen des schattenden Schirms ihr über dem Haupt aus;
Mach im Gedräng ihr Platz, wenn die Gebieterin naht.
Unter dem Bett hervor, dem gedrechselten, hole die Fußbank;
Zieh den Schuh ihr vom Fuß, oder binde ihn fest.
Oftmals musst du ihr auch, ob selbst vor Kälte du schauderst,
Doch an der eigenen Brust wärmen die frierende Hand;
Acht es auch nicht für Schimpf – denn wär's auch Schimpf, es gefällt doch –,
Dass du den Spiegel ihr hältst mit deiner adligen Hand.
Er, der die Untierbrut vertilgt, Zeus' Gattin beschwichtigt,
Er, der den Himmel verdient, den er getragen zuvor,
Hielt bei ionischen Mädchen danach, so erzählt man, den Spinnkorb,
Strählte das rohe Gewirr wollener Fäden mit Fleiß.

MIT NACHGIEBIGKEIT PUNKTEN

Wenn sie nicht schmeichelnd genug, nicht freundlich erwidert die Liebe,
Duld und harre nur aus, später wird sanfter sie sein.
Wenn du ihn nachgiebig biegst, so krümmt allmählich der Zweig sich:
Doch, wenn Gewalt du gebrauchst, brichst du ihn sicher entzwei.
Mit Nachgiebigkeit nur durchschwimmst du den Fluss; du besiegst ihn
Nimmer, sobald du der Flut Strömung entgegen dich stemmst.

Nur Nachgiebigkeit zähmt numidische Löwen und Tiger.
Langsam fügt sich der Stier unter den ländlichen Pflug.
Gib der nach, die sich wehrt; Nachgiebigkeit führt dich zum Siege.

Führe die Rolle nur aus, die dir dein Mädchen erteilt.
Tadelt sie, tadle du auch; und lobt sie, lobe du gleichfalls.
Sag, wenn sie ja sagt, ja; nein, wenn sie etwas verneint.
Lächelt sie, lächle du mit; wenn sie weint, so versuche zu weinen,
Richte nach ihrem Gesetz Mienen und Blicke du ein.

WIDRIGKEITEN UNBEIRRT AUF SICH NEHMEN

Folgsam war der Gebieterin Wink der tirynthische Halbgott:
Und was jener ertrug, stehst zu ertragen du an?
Wenn sie zum Markt dich befiehlt, stell vor der gebotenen Stunde
Stets dich ein, und geh nimmer zu zeitig nach Haus.
Heißt sie irgendwohin dich gehn, sie zu treffen: verschiebe
Alles und lauf; kein Gedräng halte vom Wege dich ab.
Wenn vom Gelage sie spät in der Nacht nach Hause zurückkehrt,
Dann auch, wenn sie's verlangt, sei ihr als Diener zur Hand.
Schreibt sie vom Lande dir: »Komm!« – so bedenke, dass Amor die Trägen
Hasst: Ist kein Wagen bereit, mach dich zu Fuß auf den Weg!
Halte die drückendste Hitze dich nicht und der dörrende Hundsstern
Oder der Schnee, der weiß Felder und Wege bedeckt!

Nacht, Unwetter, beschwerlicher Weg und grimmige Schmerzen,
Jegliche Mühe, sie ist eigen dem zärtlichen Dienst.
Oft gießt Regen auf dich herab aus den wolkigen Höhen,
Oft auf nacktem Gefild liegst du gebettet und frierst.
Trieb doch der cynthische Gott des Admetus Rinder in Pherae
Einst auf die Weid und lag nachts in den Hürden versteckt.
Was sich für Phoebus geschickt, das sollte für dich sich nicht schicken?
Fort mit dem Hochmut, soll dauernde Liebe dir blühn.
Wird dir zu wandeln versagt auf sichern und ebenen Wegen,
Ist mit Riegel und Schloss feindlich die Türe versperrt:
Gleite du jäh hinab am Seil durch die Luken des Daches,
Oder auf heimlichem Pfad klimme zum Fenster hinan.
Sicher erfreut sie sich dran; sie weiß, dass sie dich zum Wagnis
Trieb: als ein sicheres Pfand gilt es der Liebe zu ihr.
Manchmal konntest du wohl, Leander, dein Mädchen entbehren,
Aber du schwammst hindurch, nur dass sie sähe den Mut.

DIE KRANKHEIT DER GELIEBTEN – EINE EINMALIGE CHANCE

Mag sie dir bleiben gesund! Doch wenn sie sich krank auf das Bett streckt,
Wenn die verpestete Luft schwer in den Gliedern sie spürt,
Dann, dann sollst du Lieb und Treue der Freundin bewähren,
Dann aussäen, was einst reichliche Ernte dir bringt.
Werde verdrießlich nie bei den mürrischen Launen der Krankheit,
Tue mit eigener Hand, was sie zu tun dir erlaubt.

Mag sie es sehn, wie du weinst, und fürchte dich nicht, sie zu küssen,
Und ihr trockener Mund werde von Zähren benetzt.

Oft auch leiste Gelübde – doch laut! – und sieh nach Gefallen
Heitere Träum im Schlaf, die du ihr wiedererzählst.
Hole die Alte herbei, die Bett und Kammer durchräuchre,
Lass mit zitternder Hand Schwefel und Eier sie weihn.
In dem allen erkennt man die Spur der besorglichen Liebe,
Dies hat manchem den Weg zum Testamente gebahnt.

Doch Dienstfertigkeit darf zum Verdruss nicht werden der Kranken,
Emsige Zärtlichkeit selbst hat ein gemessenes Ziel.
Nimm ihr die Speisen nicht fort und reiche vom bitteren Tranke
Nicht ihr selbst; dein Rival mische den Becher zurecht.

NÄHE UND DISTANZ RICHTIG DOSIEREN

Wünscht sie es, nähere dich, doch entferne dich, wenn sie dich meidet:
Kein anständiger Mensch drängt sich dem anderen auf.
»Wie eine Klette bist du!« – das willst du nicht von ihr hören.

Ist dir verschlossen die Tür, obschon sie die Nacht dir versprochen,
Streck dich geduldig zum Schlaf hin auf dem schmutzigen Grund.
Heuchlerisch fragt vielleicht hochmütigen Blickes die Sklavin:
»Was nur immer der Mensch unsere Türe besetzt?«
Schmeichle mit Demut du den Pfosten des grausamen Mädchens,
Nimm dir die Rosen vom Haupt, schmücke die Türe damit.

Doch wenn Vertrauen dir wächst, sie werde von selbst nach dir fragen,
Wenn abwesend sie schon nach dem Entfernten sich bangt,
Gönne ihr Rast: Lag es brach, gibt Land dann wuchernde Zinsen,
Dörrender Boden verschlingt gierig das himmlische Nass.
Sehnsucht quälte Penelopes Herz nach dem klugen Ulixes;
Auch dein holder Gemahl, Laodamia, war fern.
Aber nur kurz zu verweilen ist klug: Zeit lindert die Sehnsucht.
Fernes entschwindet, es zieht andere Lieb in das Herz.

TIPP FÜR FRAUEN: ZUNEIGUNG & EIFERSUCHT SIGNALISIEREN – ABER IN MASSEN

Lasst – und es ist nicht schwer – uns glauben, ihr liebet uns wirklich:
Was man begehrt und wünscht, glaubt man dem andern von selbst.
Schaut mit verlangendem Blick nach dem Jüngling, seufzet aus tiefstem
Herzen und fragt ihn: »Warum kommst du doch heute so spät?«
Kommen dann Tränen hinzu und der Schmerz um die andre Geliebte,
Die ihr erdichtet, zerkratzt ihr ihm dann noch das Gesicht,
Dann ist die Sache bewiesen für ihn; er bedauert die Arme,
Klagt und spricht: »Sie verzehrt ganz sich in Sorgen um mich.«

»Soll ich mich denn stets zu neuer Beschuldigung stellen?
Muss ich so oft um den Sieg kämpfen, so wird er zur Last.
Seh ich mich um nach den obersten Reihen des Marmortheaters,
Wählst aus der Menge du dir eine, um die du mir grollst.

Sieht unschuldig ein Weib mich an mit schweigendem Blicke,
Heimliche Zeichen sogleich siehst du im schweigenden Blick.
Lob ich eine, so fährst du mir wild in das Haar mit den Nägeln;
Schelt ich eine, so meinst du, ich verstecke die Schuld.
Seh ich gesund aus, so heißt es sogleich, dass ich gegen dich kalt bin,
Kränklich: ein anderes Weib macht mich zum Sterben verliebt.
Wenn ich denn wenigstens doch des Fehltritts schuldig mich wüsste;
Denn gleichmütiger trägt Strafe sich, die man verdient.
Ohne Besinnung verklagst du mich jetzt, glaubst alles und jedes,
Und so verliert durch dich selber dein Zorn sein Gewicht.
Blick auf des Eseleins klägliches Los, des bekümmerten Langohrs!
Ewig mit Prügeln bestürmt, schreitet es langsam dahin.«

EIFERSUCHT & UNTREUE

VERTRAUE KEINEM!

Weh! nicht sicher ist's mehr, vor dem Freund sein Liebchen zu loben.
Glaubt er dir, wenn du sie lobst, stellet er selber ihr nach.
Und doch schändete nicht Patroklos das Bett des Achilles,
Keusch war Phaedra, soweit es an Pirithous lag.
Pylades liebte Hermione nur wie Phoebus die Pallas,
Und wie, Helena, dich Kastor, dein Zwilling, geliebt.
Wenn jetzt einer das hofft, dann hofft er sich Äpfel zu pflücken
Vom Tamariskengestrüpp, Honig zu schöpfen im Fluss.
Nur was schlecht ist, ergötzt. Man frönt nur der eigenen Wollust,
Und auch die ist süß nur, wenn sie den andern verletzt.
Schmähliches Tun! Nicht darf vor dem Feind sich der Liebende fürchten:
Wen du für treu hältst, den flieh, um der Gefahr zu entgehn.
Nimm dich vor Brüdern in acht, vor Verwandten und lieben Freunden:
Dies ist die Schar, aus der wirkliche Furcht dir erwächst.

VERHALTEN BEI EINEM NEBENBUHLER

Schwer ist die Mühe, die jetzt unsere Lehre verlangt:
Trag mit Geduld den Rival, dann winkt dir sicher der Siegpreis.
Winkt sie dem Buhlen, ertrag's, und schreibt sie, berühre den Brief nicht;
Möge sie kommen und gehn, wie und wohin ihr beliebt.
Besser jedoch, man weiß von nichts; tu so als sei nichts gewesen;
Dass ihre Scham nicht ganz – nutzlos geworden – vergeht!
Drum, o Jüngling, hüte dich wohl, zu ertappen dein Liebchen;
Lass sie sündigen und denken, sie hat dich getäuscht.
Inniger wird bei Ertappten die Liebe; wenn zweie ein Schicksal
Teilen, so halten sie auch an ihrer Schuld weiter fest.

TIPP FÜR UNTREUE FRAUEN: LIEBENDE WOLLEN BELOGEN SEIN!

Niemals sündigt die Frau, die zu leugnen vermag, dass sie sündigt,
Nur wenn die Schuld sie gesteht, wird sie berüchtigt dadurch.
Ist es nicht Irrsinn, bei Tag zu gestehn, was der Schleier der Nacht deckt,
Und, was man heimlich getan, offen zu sagen hernach?

Ja, wenn ich wirklich einmal inmitten der Schuld dich ertappte,
Wenn ich dein schimpfliches Tun sähe mit eignem Gesicht:
Müsstest du doch, was bestimmt ich sah, mit Bestimmtheit verleugnen,
Und mein Auge wird gern glauben dem Wort, das du sprichst.
Ihm, der besiegt sein will, ist leicht zu entringen die Palme,
Wenn nur die Zunge beherzt immer »Ich tat es nicht!« sagt.

Da es so leicht dir wird, mit nur vier Worten zu siegen,
Siege – wo nicht mit Recht, doch durch des Richtenden Gunst.

Doch was für ein Geschick die Nacht auch möge bereiten,
Leugne beharrlich vor mir morgen, dass du ihn erhört.

TIPP FÜR FRAUEN: FREUNDINNEN SIND RIVALINNEN

Eben erst klagt ich (ich weiß), man müsse vor Freunden sich hüten:
Diese Beschuldigung geht nicht auf die Männer allein.
Wenn du zu leichtgläubig bist, dann pflücken sich andere Mädchen
Deinen Genuss, und dir schnappen das Häschen sie fort.
Glaube mir, sie, die so eifrig ihr Bett und Zimmer dir einräumt,
War (und nicht einmal bloß) schon mit mir selber allein.
Lasst auch die Magd, die euch dient, nicht allzu schön von Gesicht sein:
Oft vertrat sie bei mir ihrer Gebieterin Platz.

ALS MANN UNTREUE ENTWEDER GEKONNT LEUGNEN …

Immer vergnügt euch! Doch deckt das Vergehn mit sittsamer Täuschung,
Und nie rühmt euch der Schuld, wenn ihr die Schuld auch begingt.
Niemals gib ein Geschenk, das die andere wiedererkenne:
Treib das Vergehn auch nicht stets zur selben Zeit.

Und dass nimmer die Frau im bekannten Versteck dich ertappe,
Gib dein Stelldichein nicht an dem nämlichen Ort.
Ferner, sooft du schreibst, musst erst du genau dir die Täflein
Ansehn; mehr als du schriebst, lesen sich manche heraus.

Was du erfolgreich versteckt, wenn hernach es doch an das Licht kommt,
Mag es denn kommen ans Licht, leugne beharrlich es ab!
Sei nicht fügsamer dann und freundlicher, als du zu sein pflegst;
Dies sind Zeichen zumeist, dass man der Schuld sich bewusst.
Doch verschon deine Kraft nicht! Leicht wird mit einer Umarmung
Frieden erkauft. So bedeckst du den früh'ren Genuss.

… ODER ZUM EIGENEN VORTEIL WENDEN!

Einige danken jedoch dir schlecht für schüchterne Schonung,
Denen die Liebe versiegt, sehn sie allein sich verehrt.
Wenn es zu gut uns geht, pflegt gleichgültig man zu werden.
Mit behäbigem Sinn Glück zu ertragen, ist schwer.
Wenn nun, träg von der Rast, das Herz zu sicher und stumpf wird,
Dann muss schärferer Reiz wecken die Lieb in der Brust.
Lass sie sorgen um dich, und erwärme das laue Gemüt ihr:
Werde sie blass beim Bericht, wie du gesündigt an ihr.
O dreimal – und mehr als es Zahlen zu nennen vermögen –
Selig, um den sich ein Weib, das er beleidigt hat, härmt,
Das, wenn ein unwillkommnes Gerücht das Vergehen ihr zuträgt,
Außer sich ist und vor Schreck kläglich verstummt und erbleicht.

Wäre doch ich der Mann, dem wütend sie zaust in den Haaren,
Dem sie das arme Gesicht schlimm mit den Nägeln zerkratzt,
Den sie mit Tränen im Blick, den mit rollenden Augen sie ansieht,
Den sie, so sehr sie es wünscht, nimmer zu lassen vermag.
Fragst du, wie lange? Die Zeit sei kurz, die der Klage du gönnest,
Dass durch längern Verzug nicht sich ermanne der Zorn.

VERSÖHNUNGS-SEX

Bald, gar bald umschlinge dein Arm ihr den glänzenden Nacken,
Ziehe das weinende Weib sanft an dein zärtliches Herz.
Schenke der Weinenden Küsse, der Weinenden Freuden der Venus;
Dann ist Frieden; nur so bändigst du sicher den Zorn.
Wenn sie am wildesten tobt, wenn sie recht als Feindin dir vorkommt,
Fordre des Bettes Genuss: gleich ist die Tobende sanft.
Ja, dort ruhet die Wehr; dort wohnt nur Frieden und Eintracht;
Glaube mir, dies ist der Ort, welcher die Charis gebar.
Sieh, wie, noch eben im Kampf, verliebt sich schnäbeln die Tauben,
Denen der gurrende Ruf süßes Geplauder vertritt.
Folgt doch die Hindin dem Hirsch, es umschlingt sich Schlange mit Schlange,
Und in schamloser Lust hängt an der Hündin der Hund.
Fröhlich ergibt sich dem Widder das Schaf, dem Stiere die Färse,
Selbst die zickige Geiß fügt sich dem schmutzigen Bock.

Stuten ergreift oft die Brunst, sie verfolgen den Hengst auf der Weide,
Der von ihnen getrennt graset, durch Gräben und Fluss.
Darum heile das zürnende Weib mit den kräftigsten Mitteln:
Diese verschaffen allein Ruhe dem wildesten Schmerz.
Die Medizin ist stärker als alle die Tränke Machaons:
Diese, wie sehr du gefehlt, bringet dich wieder in Gunst.

SCHÖNHEITSPFLEGE & HYGIENE

SCHÖNHEITSPFLEGE GIBT SELBSTVERTRAUEN

Ältere wissen der Jahre Gebrechen durch Schmuck zu ersetzen
Und erreichen durch Kunst, dass man ihr Alter nicht merkt.

»Schönheit erhöhet den Mut; Corinna ist grausam aus Schönheit;
Weh mir Armem, warum kennt sie sich selber so gut?
Wisse, vom Bild, das der Spiegel ihr zeigt, entnimmt sie den Hochmut,
Und nie sieht sie hinein, bis sie zuvor sich geputzt.«

ZEITGEMÄSSE KÖRPERPFLEGE

Kommen wir nun zur Pflege des Körpers. Pflegst du die Trauben,
Sprudelt der Wein. Hoch sprießt, pflegst du den Acker, die Saat.
Schönheit ist Göttergeschenk: wie wenige rühmen sich dessen!
Gar zu viel von euch gibt's, denen es gänzlich gebricht!
Sorgfalt verleiht euch Reiz. Nachlässigkeit tötet die Reize,
Wärt ihr wie Göttinnen schön, schön wie Idalia selbst.
Pflegten vor alters den Schmuck nicht so mit Sorgfalt die Mädchen,
War auch vor alters der Mann nicht so verfeinert wie jetzt.
Wenn sich Andromache da mit tüchtigen Röcken staffierte,
War es kein Wunder: ihr Mann war ja ein rauher Soldat.

Könntest in zierlichem Schmuck als Ajax' Weib du erscheinen,
Der mit Stierfell sich siebenmal deckte den Leib?
Einfach war man früher und roh. Jetzt strahlet von Golde
Rom, der eroberten Welt herrlichste Schätze sind sein.
Lobe das Alte, wer will. Ich preis es als Glück, dass ich jetzt erst
Lebe; nach Art und Sinn passen wir: ich und die Zeit.
Ihr auch, Mädchen, beschwert nicht das Ohr mit kostbaren Steinen,
Die in der grünlichen Flut dunkele Inder gesucht.

MAKE UP: DER REIZ DES UNBEMERKTEN

Selber ja wisst ihr sogar euch weiß mit Schminke zu färben,
Und die nicht von Natur blühet, sie blühet durch Kunst.
Kunst lehrt zwischen den Brauen den ledigen Platz euch ergänzen,
Wie durch ein Häutlein wird sauber die Wange bedeckt.
Fein umzieht ihr die Augen sogar mit zerriebener Kohle
Oder mit Krokus, den du, glänzender Cydnus, erzeugt.

Doch, dass nie auf dem Tisch Schminktöpfchen vielleicht der Geliebte
Finde! Versteckt muss stets helfen die Kunst dem Gesicht.
Denn, wen beleidigt es nicht, wenn im ganzen Gesichte die Hefe
Klebt und zum Busen hinabtrieft, von der Schwere gelöst!
Wie erst Oesopum stinkt, wenngleich ihr des schmutzigen Schaffells
Klebrigen Saft weither selbst von Athen euch besorgt!
Billigen kann ich auch nie, wenn ein Mädchen in anderer Beisein
Hirschmarksalbe gebraucht oder die Zähne sich putzt.
Schönheit verleiht das wohl, doch unschön ist es zu sehen.
Vieles ist hässlich zu tun, was doch, vollendet, gefällt.

Du auch, wenn du dich schmückst, lass stets uns glauben, du schläfst noch,
Besser, wir sehen dich erst, trittst du vollendet hervor.
Muss ich denn wissen den Grund, warum so weiß dein Gesicht ist?
Schließe des Kämmerleins Tür, zeig nicht die Skizze des Werks!
Vieles ist gut, wenn der Mann es nicht weiß; es verletzen die meisten
Dinge, bei denen du nicht sorglich das Innre versteckst.
Sieh im geschmückten Theater dich um, wie die goldenen Bilder
Strahlen: sie sind von Holz, dünn nur bezogen mit Blech.
Aber das Volk darf nicht hinein, eh alles bereit ist:
So auch halte den Mann fern, wenn du schmückst die Gestalt.

DER RICHTIGE UMGANG MIT DER EIGENEN FRISUR

Doch ich verbiete dir nicht, vor ihm dir zuweilen die Haare
Kämmen zu lassen, dass lang wallen die Locken herab.
Hüte vor allem dich dann, gar mürrische Launen zu zeigen,
Löse von Neuem nicht stets auf das geflochtene Haar!

Sauberkeit nimmt uns ein: ungeordnet flattre das Haar nicht,
Welchem die Hand, die es schmückt, Reize verleiht und versagt.

Nicht sei der Stil von einerlei Art: es wähle sich jede,
Was sie kleidet; zuvor werde der Spiegel gefragt.
Für ein langes Gesicht passt schön ein reinlicher Scheitel.
Dies war der Haarschmuck, den Laodamia gewählt.

Aber ein rundes Gesicht verlangt, dass ein niedriger Knoten
    Über der Stirn bleibt – so, dass man die Ohren noch sieht.
Links und rechts wallt jener das lockige Haar um die Schultern,
    Wie du, Phoebus, es trägst, wenn zu der Leier du singst.
Aber die andere knüpft es nach Art der geschürzten Diana,
    Wenn sie zur Jagd auszieht auf das erschrockene Wild.
Dieser steht es, wenn luftig die losen Haare ihr wehen,
    Jene sieht gut aus, wenn eng sich das Haar an sie schmiegt.
Diese versucht es nach Art der kyllenischen Leier zu ordnen.
    Ähnlich den Wellen der Flut kräuseln es andere sich.
Aber man zählt nicht die Früchte im Wipfel der ästigen Eiche,
    Nicht der hybläischen Flur Bienen, das Wild auf der Alp:
Noch kann *ich* dir die Zahl der verschiedenen Moden berichten,
    Fügt doch ein jeglicher Tag Neues dem Alten hinzu.
Auch nachlässiges Haar steht mancher vortrefflich; du glaubst fast,
    Dass es von gestern noch liegt: eben nur ist es gekämmt.

ZU VIEL DES GUTEN

»Sagt ich dir nicht: ›Hör auf, dein Haar quacksalbernd zu beizen!‹
    Aber so fehlt dir denn jetzt gänzlich zum Färben das Haar.
Und doch, hättst du's gelassen, was war wohl voller und reicher?
    Und wie wallt' es dir tief über die Hüften hinab!
Und wie war es so fein, dass selbst den Haarschmuck du scheutest,
    So wie das Schleiergewand farbiger Serer zu schaun.
Oh, wie gehorsam es sich dem Stahl und Feuer stets darbot,
    Bis zu gekräuseltem Rund biegsam die Locke sich schlang!
›Ruchlos ist's‹, rief ich, ›ruchlos, solch Haar zu versengen!
    Schon von selbst ist es schön! Eiserne, schone dein Haupt!‹
So verdarb das schöne Gelock, das selbst sich Apollo,
    Das Gott Bacchus als Schmuck wohl für sein Haupt sich gewünscht.

Klagst du jetzt, schlecht sitze dein Haar, es sei gänzlich verdorben?
Schiebst du mit trauriger Hand, Törin, den Spiegel zurück?
Eigener Hand und eigener Schuld verdankst den Verlust du,
Für dein eigenes Haupt hast du das Gift ja gemischt.
Locken bekommst du jetzt von Germaninnen – als Beute.
Durch des geknechteten Volks Gaben erhältst du dich noch.
Oh, wie oft wirst du, staunt einer dein Haar an, erröten
Und wirst sagen: ›Man pries mich um erhandeltes Gut.
Ein sugambrisches Weib trifft jetzt statt meiner der Lobspruch,
Und doch weiß ich die Zeit, da ich verdiente den Ruhm.‹«

PERÜCKEN – DIE RETTUNG BEI DÜNNEM HAAR

Ihr mit dürftigem Haar stellt Wachen auf euere Schwellen
Oder besorget den Schmuck immer an Faunas Altar!
Einstmals meldete man mich plötzlich bei einer Gewissen:
In der Verwirrung des Schrecks setzte das Haar sie verkehrt.
Grund zu so schmählicher Scham mag höchstens den Feinden ich gönnen.
Falle der Schimpf auf das Haupt parthischer Mädchen und Fraun.
Hässlich ein Tier, dem der Schweif, und hässlich ein Feld, dem das Gras fehlt.
Hässlich ein Strauch ohne Laub oder ein Kopf ohne Haar.

WIE MAN MAKEL ALLER ART KASCHIERT

Selten nur ist ein Gesicht ganz frei von Fehlern; versteck sie,
Wie du nur kannst, und verbirg auch die Gebrechen des Leibs.
Setze dich, bist du zu klein, dass du stehend nicht scheinest zu sitzen:
Streck deine kleine Gestalt lang auf dem Sofa auch aus,
Und dass auch so nicht der Ruhenden Maß alsbald sich verrate,
Hülle mit deinem Gewand lässig die Füße dir ein.
Die zu schmächtig und dünn, die wähle sich dickere Stoffe,
Und in faltigem Bausch werfe den Mantel sie um.
Blasse sollten die Haut mit Purpurakzenten verschönern!
Dunklem Teint wiederum steht besser ein pharisches Kleid.
Ist unförmig der Fuß, versteck ihn in schneeigem Leder!
Hast du ein mageres Bein, binde die Riemen nicht ab!
Sind deine Schultern zu hoch, bediene dich flacherer Schnallen,
Und umwinde die Brust, wenn sie der Füllung bedarf.

KLEIDER- UND FARBBERATUNG

Soll von Kleidern ich reden? Ich will nicht teure Besätze,
Will nicht Wolle, vom Rot tyrischer Schnecken gefärbt.
Da für geringeren Preis so mancherlei Farbe zu haben,
Sei nicht toll und trag all dein Vermögen am Leib!
Hier ist die Farbe der Luft, wenn sie nicht von Wolken getrübt wird
Und wenn der lauwarme Süd nicht sie mit Regen erfüllt.
Diese vergleicht sich mit dir, die einstmals Phrixus und Helle,
Wie man erzählt, der List Inos entrückt haben soll.
Die sieht ähnlich der Flut: von der Flut auch führt sie den Namen;
Nymphen bedecken sich wohl, denk ich, mit solch einem Kleid.

Die ist dem Krokus gleich; es hüllt sich die tauige Göttin,
Wenn sie ihr leichtes Gespann schirret, ins Krokusgewand.
Purpurn, gleich Amethyst, wie die paphischen Myrten ist eine,
Blassen Rosen gleicht die, thrakischen Kranichen die.
Deine Kastanien sind hier, Amaryllis, und blühende Mandeln,
Und nach dem Wachs auch sind wollene Stoffe benannt.
So viel Farben die Erde gebiert, wenn in lauwarmer Lenzluft
Augen der Weinstock treibt, da nun der Winter entflohn,
So viel oder noch mehr trinkt Farben die Wolle: du wähle,
Denn nicht jegliche steht jeglichem Mädchen auch gut.
Schwarz steht Mädchen mit schneeiger Haut, so ging es Briseïs:
Als sie geraubt ward, trug grad sie ein dunkeles Kleid.
Weiß steht besser den Braunen: in weißen Gewändern gefielst du,
Kepheus' Tochter, und bist so nach Seriphos gebracht.

Geht nicht belastet umher mit golddurchwirkten Gewändern!
Oft verscheucht uns die Pracht, die uns zu fesseln bestimmt.

BEI MUNDGERUCH ODER TRANSPIRATION – WAS TUN?

Wenn aus dem Munde du riechst, so sprich nicht, eh du gefrühstückt,
Halt ein wenig dich auch fern von des Mannes Gesicht.
Bald auch hätt ich gewarnt, dass der Bock nicht unter den Achseln
Laure, dass stachliges Haar nicht euch die Schenkel entstellt.
Doch ich belehre ja hier nicht Mädchen aus Kaukasus' Felsschlucht
Noch, die Caïcus' Flut schöpfen am mysischen Strand.
Geb ich die Vorschrift noch, dass ihr nicht nachlässig die Zähne
Lasset vergilben und früh spület mit Wasser den Mund?

TIPP FÜR MÄNNER: DER RICHTIGE GRAD AN SCHÖNHEITSPFLEGE UND HYGIENE

Falle dir ja nicht ein, mit Eisen die Haare zu brennen;
Kratzender Bimsstein nicht reibe die Schenkel dir glatt.
Dies lass jene nur tun, die mit heulenden Jammergesängen
Dindymas Mutter im Takt phrygischer Weisen beschrein.
Männern geziemt nachlässiger Schmuck. Die Minoerin wurde
Theseus' Raub, dem nie Nadeln geordnet das Haar.
Phaedra verliebte sich in Hippolyt, der wenig geputzt ging,
Und für Adonis, des Walds Sohn, hat die Göttin geschwärmt.

Reinlich sei – so gefällt er – der Leib, doch gebräunt von dem Marsfeld;
Frei von Flecken und gut sitzend das Obergewand.
Weder Belag auf der Zunge noch Zahnstein sei auf den Zähnen,
Schlotter der lockere Fuß nicht im vertretenen Schuh.
Struppig sei dein Haar nie und auch nicht entstellend geschoren,
Lass mit Geschick dir stets Haare und Bart dir frisiern.
Dulde nicht Schmutz an den Nägeln und lass zu lang sie nicht wachsen.
Niemals starre ein Haar dir aus der Nase hervor.
Schlechter Geruch komme nicht hervor aus ekligem Atem,
Meide den beißenden Bock, der unter Achseln gern haust.
Alles andre jedoch überlasse den leichten Mädchen,
Oder wenn schändlich ein Mann andere Männer umwirbt.

WARNUNG VOR SCHÖNLINGEN

Aber vermeidet den Mann, der aus Schönheit und Schmuck ein Geschäft macht,
Der sein lockiges Haar sorglich in Ordnung erhält.
Was er zu euch jetzt sagt, das sprach er zu Tausenden vor euch.
Der ist ein Flatterer, der hält in der Liebe nicht aus.
Was schließlich soll eine Frau mit einem, der süßer als sie ist,
Der auch vielleicht noch mehr Liebhaber hat als sie selbst?
Einige geben nur vor zu lieben und gehen auf Raub aus,
Und auf solcherlei Weg suchen sie schnöden Gewinn.
Täusche sein Haar euch nicht, ob es glänzt von triefenden Narden,
Oder die Riemen am Schuh, säuberlich untergesteckt.
Täusche die Toga euch nicht, wie fein sie immer gewebt sei,
Ist auch mit Ringen die Hand, Finger um Finger, bedeckt.
Grade vielleicht, der am meisten sich putzt von allen den Herrchen,
Er ist ein Dieb und entbrennt lüstern – nach deinem Gewand.

HEILMITTEL GEGEN DIE LIEBE

Wer, was er liebt, gern liebt, von glücklichen Gluten entbrennet,
Segle mit günstigem Wind fröhlichen Herzens dahin;
Doch wer bedrückt sich fühlt vom Joch eines schändlichen Mädchens,
Soll vor Verderben geschützt werden durch unsere Kunst.

RECHTZEITIG DIE EIGENE LAGE ERKENNEN

Was das sei, was du liebst, erspähe mit emsigem Geiste,
Und noch bevor es drückt, ziehe den Hals aus dem Joch!
Sei zu Beginn auf der Hut, sonst mühst du zu spät dich um Heilung,
Wenn durch langen Verzug Kräfte das Übel gewann.
Eile darum, verschiebe es nicht auf künftige Zeiten,
Wenn es dir heute nicht passt – morgen auch passt es dir nicht!
Liebe vertröstet uns stets; durch Zögern verschafft sie sich Nahrung:
Dich zu befrein ist stets heute der passendste Tag.
Doch wenn die passende Zeit für die früheste Hilfe dahin ist
Und dir die Liebe das Herz hält in verjährtem Besitz,
Dann ist schwerer das Werk. Doch nicht, weil spät mich der Kranke
Anruft, wird ihm darum ärztliche Hilfe versagt.
Suche, wenn irgend du kannst, das *beginnende* Feuer zu löschen
Oder – sobald es dahin sinkt durch die eigene Kraft.

»Viel ertrug ich und lange, doch reißt zuletzt die Geduld mir.
Sklavische Liebe, entweich aus der ermüdeten Brust!
Endlich hab ich mich selber befreit und die Ketten zerrissen,
Schäme der Knechtschaft mich, der ich mich sonst nicht geschämt.
Setz als Sieger den Fuß auf die niedergeworfene Liebe,
Heb das eigene Haupt stolzer und höher empor.
Setz es durch und sei hart! Der Schmerz wird am Ende dir nützen.
Bitterer Saft hat oft Leidenden Hilfe gebracht.«

JEDE BESCHÄFTIGUNG HILFT, UM SICH ABZULENKEN

Drum, sobald du mir heilbar erscheinst durch meine Behandlung,
Geb ich den dringenden Rat: Fliehe die *Muße* zuerst.
Sie hat gemacht, dass du liebst; sie erhält das, was sie gemacht hat:
Grund und Nahrung zugleich ist sie des süßesten Leids.
Nimmst du die Muße nur fort, so zerbrichst du den Bogen Cupidos,
Sieh, und erloschen, verhöhnt liegen die Fackeln im Staub.
So liebt Venus die Muße. Verlangst du die Liebe zu enden,
Treib ein Geschäft und du siegst – Amor entflieht davor.

Hier ist der Markt, die Gesetze sind hier, hier Freunde zu schützen:
Schreite des Bürgergewands glänzendes Lager hindurch.
Oder des Mavors blutigen Dienst, der den Jünglingen ansteht,
Wähle: die törichte Lust kehrt dir den Rücken sofort.
Parthergeschosse zugleich und Cupidos Pfeile besiegend,
Bringe zum heimischen Herd doppelt Trophäen zurück.

Auch Landleben erfreut das Gemüt und die Lust an dem Landbau;
Wer der Sorge sich weiht, hat vor den anderen Ruh!
Zähme den Stier, lass unter der Last ihn beugen den Nacken,
Brich schwerscholliges Land auf mit gebogenem Pflug,
Streue der Ceres Saat und stürze den Boden darüber,
Dass sie mit reichlichem Zins gebe der Acker zurück.
Selber dann magst du Pflanzen dir ziehn im bewässerten Garten,
Selber den rieselnden Bach leiten in Gräben herbei.
Kommt dann zum Pfropfen die Zeit, so vermähle den Zweig mit dem Zweige,
Und es bedecke der Baum sich mit geliehenem Haar.
Hat die Lust nur einmal das Herz zu erfreuen begonnen,
Schleppt mit gebrochener Kraft Amor die Schwingen davon.

Übe du auch das Vergnügen der Jagd. Oft wurde von Phoebus'
Schwester in schmähliche Flucht schon Kytherea gejagt.
Setze mit witterndem Hund bald nach dem enteilenden Hasen,
Bald auf waldigen Höhn spanne die Netze zum Fang.
Schrecke den furchtsamen Hirsch durch farbige Lappengehege,
Und vom feindlichen Spieß falle der Eber durchbohrt.
Dann wird des Nachts dem Ermüdeten Schlaf, nicht Sorg um das Mädchen
Nahn und mit schwellender Ruh stärkend die Glieder durchziehn.
Leichterer Art ist die Lust, doch gewährt's auch Lust, wenn als Vogler
Man mit Schling und mit Rohr jagt nach geringem Gewinn
Oder ein hakiges Erz man versteckt zuunterst im Köder,
Das mit gierigem Maul töricht verschlinge der Fisch.
Dies und anderes sonst muss, bis du zu lieben verlernt hast,
Dienen zum Mittel, wodurch heimlich du selbst dich betrügst.

MAGIE: GEFÄHRLICH, ABER WIRKUNGSLOS

Sehe sich vor, wer von schädlichem Kraut des hämonischen Landes,
Wer von der magischen Kunst irgend sich Nutzen verspricht!
Alt sind die Künste des Zaubergebräus; unschädlich die Hilfe,
Die in heiligem Lied unser Apollo verleiht.
Nicht durch Zaubergesang entledigt das Herz sich der Sorgen,
Nicht, durch Schwefel besiegt, fliehet die Lieb aus der Brust.
Nützten, Kolcherin, dir die Gräser der phasischen Fluren,
Als du dein väterlich Haus nicht zu verlassen gewünscht?
Haben, o Circe, dir die Kräuter der Perse geholfen,
Als der neritische Kiel floh, von den Lüften entführt?
Hast du nicht alles getan, um zu fesseln den listigen Gastfreund?
Und zu sicherer Flucht spannte die Segel er aus.
Hast du nicht alles getan, dich vom grimmigen Brand zu befreien?
Wie du dich sträubtest – dir saß dauernde Lieb in der Brust.

KÖRPERLICHE ENTFERNUNG FÜR INNERE DISTANZ

Nur – und fühltest du dich von den festesten Banden umschlungen –,
Geh in die Ferne und mach weit durch die Welt dich davon!
Aber je weniger gern du gehst, desto eiliger gehe:
Setz es durch, und zum Lauf zwinge den säumigen Fuß.
Frag nicht, wie viele Meilen du *fort,* nein frage, wieviel noch
Fehlen, und suche nicht selbst Aufschub, um nahe zu sein.
Hart nennt mancher die Lehren vielleicht; ich gestehe, sie sind hart:
Doch man erträgt viel Schmerz, wenn er Gesundheit nur bringt.

Doch nicht denk, es genügt, dass du fort bist. Verweile du lange,
Bis aus der Asche die Glut weicht und die zündende Kraft.
Wenn du zur Rückkehr eilst, noch ehe den Geist du gestählt hast,
Wird mit erneuerter Wut Amor beginnen den Krieg;
Und wie fern du auch warst: du kehrst mit Durst und Begierde
Wieder, die Trennung gereicht grade zum Schaden dir noch.

WIE MAN SICH DIE GELIEBTE VERLEIDEN KANN

Wenn ein gewichtiger Grund in der Hauptstadt der Welt dich zurückhält,
Nun so vernimm, was mir ratsam erscheint in der Stadt.
Der ist der beste Befreier, der rasch die verletzenden Bande
Reißt von der Brust und den Schmerz gleich bis zum Ende vertilgt.
Wer so mutig sich zeigt, den werd ich selber bewundern,
Der, ich gesteh es, bedarf meiner Ermahnungen nicht.
Du, der mit Not du nur, was du liebst, zu lieben verlernest,
Der du nicht kannst und gern möchtest, du lerne von mir.
Ruf ins Gedächtnis dir oft die Verbrechen des schändlichen Mädchens,
Stell die Verluste gesamt, die du erlittest, dir vor.
»Dies schon hat sie und das und ist mit dem Raub nicht zufrieden,
Hat habgierig mein Haus über dem Kopf mir verkauft.
Ja, so schwor sie mir einst, so hat sie den Eid mir gebrochen!
Oh, wie ließ sie mich oft liegen bei Nacht vor der Tür!
Andere zieht sie mir vor; sie will von mir nicht geliebt sein.
Ach, und ein Krämer genießt Nächte, die mir sie versagt!«
Kannst du, so kehre du stets zum Schlechtern die Gabe des Mädchens,
Und, wo die Grenze nur schmal, täusche den eignen Verstand.

Nenne sie dick, wenn sie voll, und schwarz, wenn sie dunkel von
Haut ist,
Und bei zarter Gestalt tadelt man Magerkeit leicht.
Leicht auch nennt man ein Mädchen kokett, das gerade nicht
bäurisch;
Bäurisch nennet man leicht eine, die sittsam nur ist.

Ja, die Gaben, woran am meisten es fehlt der Geliebten,
Lass sie (mit schmeichelndem Ton bitte sie!) zeigen vor dir.
Fordre zu singen sie auf, wenn sie nicht mit Stimme begabt ist,
Fordre zum Tanzen sie auf, kann sie nicht regen den Arm.
Ist in der Sprache sie roh, lass immer sie viel mit dir reden;
Weiß von den Saiten sie nichts, forder zu spielen sie auf.
Plump ist ihr Gang? Lass spazieren sie gehn. Wenn strotzende
Warzen
Ganz einnehmen die Brust, lasse die Binde sie fort.
Steht mit den Zähnen es schlecht, so erzähl ihr Geschichten
zum Lachen,
Tränen die Augen ihr leicht, solche, worüber sie weint.
Auch das nützt, wenn du rasch, noch eh sie für andre geputzt
ist,
Plötzlich des Morgens zu ihr lenkst deinen eiligen Schritt.
Putz entzückt uns. Mit Gold und Edelgesteinen bedeckt sie
Alles, ein winziger Teil ist von dem Mädchen – sie selbst.
Dann auch, wenn ihr Gesicht sie bestreicht mit giftigen Säften,
Tritt – und schäme dich nicht – dreist vor der Herrin
Gesicht.

Mach zum Ekel sie dir! Es macht auch Ekel ein Ende.
Bleib auch dann, wenn du selbst denkst, es sei heute genug,
Bis du dich tüchtig gestopft, bis die Lieb erstickt in der Fülle,
Bis dir ihr Haus zum Verdruss, bis es dir widerlich wird.

Und jetzt will ich dir sagen, was mitten im Spiele der Venus
Nützt: Aus dem ganzen Gebiet werde die Liebe verjagt!

Wenn zum gemeinsamen Bett und zum Jünglingswerk du dich anschickst,
Wenn der versprochenen Nacht Stunde dann näher gerückt,
Suche, dass nicht der Genuss an der Herrin, wenn du mit vollem
Herzen ihn nimmst, dich besticht, erst dir ein anderes Weib.
Sei sie, wer immer sie sei, an der sich das erste Vergnügen
Abkühlt; sicherlich wird lauer das folgende sein.
Trotz aller Scham will ich's sagen: Wähl bei der Liebe die Stellung,
Die sie am wenigsten ziert, die für sie unvorteilhaft ist.
Das ist nicht schwer zu erreichen: kaum eine gesteht sich die Wahrheit,
Jede meint, alles sei ihr in *der* Beziehung erlaubt.
Dann auch rate ich dir, das Fenster völlig zu öffnen,
Sieh so bei hellichtem Tag, was man sonst lieber verbirgt.
Manchem erscheint dies alles nur klein; das ist es auch wirklich:
Doch was im Einzelnen nicht nützet, das hilft dir vereint.
Stirbt doch der mächtige Stier vom Bisse der giftigen Natter.

Manche Liebe hält inne, wenn einmal der Blick auf die Scham fiel
Und dabei, ganz verklebt, ihre Geschlechtsteile sah,
Manche, wenn er im schmutzigen Laken die Zeichen der Liebe
Ausfindig machte, kaum dass sie grade aufstand zum Bad.
Wie mag empfinden, wer heimlich sich verbirgt, um zu sehen,
Wie die Frau ihr Geschäft – nein, das versagt die Moral!
Götter bewahrt, dass jemals ich zu solcherlei rate!
Mag es auch nützen, es ist besser, man lässt es doch sein!

MEHRGLEISIG FAHREN – UND RECHTZEITIG DIE FREUNDIN WECHSELN

Das auch rat ich euch, dass ihr zugleich zwei Freundinnen haltet,
Tapferer freilich ist der, der sich gar mehrere hält.
Wenn das Gemüt sich teilt und nach zwei Seiten sich wendet,
Jede der Gluten alsdann raubet der andern die Kraft.
Fragst du, woher du sie nimmst? Lies einfach das oben Genannte,
Und dein Fahrzeug wird wimmeln von Mädchen sofort.

SICH NICHTS ANMERKEN LASSEN

Selbst wenn vor Liebe du Armer glühst, wie mitten im Ätna,
Zeige dem Mädchen dich kalt, als wärst du aus Eis!
Tu, als sei es dir wohl; lass nie sie es, wenn du auch Schmerz fühlst,
Merken, und weintest du gleich lieber, so lach doch vor ihr!
Stelle dich nur so an, als seist du geheilt von dem Wahnsinn,
Dann wirst wirklich du tun, was du erheuchelt zuvor.
Oft schon tat ich, als läg ich im Schlaf, um nicht trinken zu müssen:
Während ich nur so tat, ward ich vom Schlafe besiegt.
Liebe schleicht durch Gewohnheit ins Herz und weicht durch Gewohnheit.
Kannst du dich erst gesund stellen, so bist du gesund.

UND TROTZDEM – DIE LIEBE!

Acker erhält zum Besitz der Soldat, von Kriegen ermüdet,
Und von der Rennbahn frei geht in die Wälder das Ross.
Ruhig gestreckt in der Werft verbirgt das gelandete Schiff sich,
Und mit sicherm Rapier tauschet der Fechter sein Schwert.
Ich auch, der ich so oft zu Feld für die Liebe gezogen,
Sollte verlassen in Ruh leben! – es wär an der Zeit.
Und doch, spräche ein Gott: »Nun leb und entsage der Liebe!«
Dankt ich; die süßeste Qual ist doch auf Erden ein Weib.

NACHWORT

Ovid (43 v. Chr.–17 n. Chr.) gilt neben seinem Zeitgenossen Vergil als bedeutendster lateinischer Dichter. Zwar stehen, als einzelnes Werk, die *Metamorphosen* im Zentrum seines Schaffens. Doch der rote Faden im Leben des Dichters, dessen vollständiger Name Publius Ovidius Naso lautet, ist die Liebesdichtung.

Gemeinsam mit Poeten wie Catull, Horaz und Properz vertrat Ovid eine literarische Strömung, die sich den Ausdruck des Privaten, der Emotion und speziell der erotischen Empfindungen zum Programm gemacht hatte. Dieser Ansatz ging auf griechische Dichter, besonders auf Kallimachos und Theokrit zurück, die im 3. Jahrhundert im ägyptischen Alexandria tätig gewesen waren.

Das subjektive Liebesempfinden arbeitet Ovid speziell in den *Amores* aus. In dieser Sammlung von Elegien beleuchtet bzw. reflektiert Ovids dichterisches Ich die leidenschaftliche, in großen Teilen jedoch unglückliche Beziehung zu der von ihm verehrten Corinna.

Während die *Amores* das Erleiden der Liebe ins Zentrum stellen, bietet die *Ars amatoria* das genaue Gegenteil: Die *Liebeskunst* tritt mit dem Anspruch auf, dass der Leser nicht mehr von der Liebe beherrscht, sondern in den Stand versetzt werden solle, seine amourösen Empfindungen und Erlebnisse selbst zu bestimmen. Die *Ars amatoria* umfasst drei Bände, von denen sich zwei an die Herren, das dritte an die Damen der hauptstädtischen Gesellschaft richtet. Eine nahezu bruchlose Fortsetzung dieses erotischen Handbuchs bilden die kurz nach der *Ars amatoria* verfassten *Remedia amoris*, die *Heilmittel gegen die Liebe*.

Roter Faden im Leben Ovids war die Liebespoesie jedoch nicht nur wegen seiner vielfältigen Werke zu diesem Thema. Vielmehr dürfte auch die entscheidende Wende in seinem Leben, die Verbannung nach Tomi an die (heute rumänische) Schwarzmeerküste im Jahr 8 n. Chr., ihre Ursache in diesen Gedichten haben. Wie Ovid selbst schrieb, waren »carmen et error« (»ein Gedicht und eine Verfehlung«) die Gründe dafür, dass Kaiser Augustus ihn in die äußerste Provinz verstieß. Während die genannte Verfehlung unklar bleiben muss, bezieht sich das »carmen« fast sicher auf die *Ars amatoria*, die den auf Sittenstrenge bedachten Kaiser wohl aufgrund ihrer Laszivität zu seiner harten Sanktion gegenüber dem Dichter bewegt hatten. Obwohl die *Ars amatoria* also derart in Ungnade gefallen war, blieben sie und die übrigen Liebesgedichte Ovids in der Antike stets überaus populär und sind – zum Glück für die heutigen Leser – vollständig überliefert. Der vorliegende Band vereint dabei Ausschnitte aus den *Amores*, der *Ars amatoria* sowie aus den *Remedia Amores*.